Yolande Gueutcherian

Dans les sillons du traumatisme

Yolande Gueutcherian

Dans les sillons du traumatisme

Experts

Impressum / Mentions légales

Bibliografische Information der Deutschen Nationalbibliothek: Die Deutsche Nationalbibliothek verzeichnet diese Publikation in der Deutschen Nationalbibliografie; detaillierte bibliografische Daten sind im Internet über http://dnb.d-nb.de abrufbar.

Alle in diesem Buch genannten Marken und Produktnamen unterliegen warenzeichen-, marken- oder patentrechtlichem Schutz bzw. sind Warenzeichen oder eingetragene Warenzeichen der jeweiligen Inhaber. Die Wiedergabe von Marken, Produktnamen, Gebrauchsnamen, Handelsnamen, Warenbezeichnungen u.s.w. in diesem Werk berechtigt auch ohne besondere Kennzeichnung nicht zu der Annahme, dass solche Namen im Sinne der Warenzeichen- und Markenschutzgesetzgebung als frei zu betrachten wären und daher von jedermann benutzt werden dürften.

Information bibliographique publiée par la Deutsche Nationalbibliothek: La Deutsche Nationalbibliothek inscrit cette publication à la Deutsche Nationalbibliografie; des données bibliographiques détaillées sont disponibles sur internet à l'adresse http://dnb.d-nb.de.

Toutes marques et noms de produits mentionnés dans ce livre demeurent sous la protection des marques, des marques déposées et des brevets, et sont des marques ou des marques déposées de leurs détenteurs respectifs. L'utilisation des marques, noms de produits, noms communs, noms commerciaux, descriptions de produits, etc, même sans qu'ils soient mentionnés de façon particulière dans ce livre ne signifie en aucune façon que ces noms peuvent être utilisés sans restriction à l'égard de la législation pour la protection des marques et des marques déposées et pourraient donc être utilisés par quiconque.

Coverbild / Photo de couverture: www.ingimage.com

Verlag / Editeur:
Éditions universitaires européennes
ist ein Imprint der / est une marque déposée de
OmniScriptum GmbH & Co. KG
Heinrich-Böcking-Str. 6-8, 66121 Saarbrücken, Deutschland / Allemagne
Email: info@editions-ue.com

Herstellung: siehe letzte Seite /
Impression: voir la dernière page
ISBN: 978-3-639-82445-2

Dans les sillons du traumatisme

de

Yolande Gueutcherian

Pour avoir vécu dans un pays où la guerre a sévi plus de quinze ans, pour avoir côtoyé la mort de très près, pour avoir écouté dans mon cabinet des personnes souffrant dans leur chair et dans leur psychisme, la question du traumatisme ne pouvait me laisser indifférente.

CHAPITRE PREMIER

POUR INTRODUIRE LE TRAUMATISME

« Le trauma fracasse, c'est sa définition. Et la résilience qui permet de se remettre à vivre associe la souffrance avec le plaisir de triompher. Curieux couple ! »

(Boris **CYRULNIK**)

Dans « Le livre du Rire et de l'Oubli » de Milan Kundera, une veuve exilée, Tamina, tente désespérément de récupérer quelques carnets perdus de sa patrie, la Tchécoslovaquie, avec l'espoir de restaurer les souvenirs de moins en moins fidèles de sa vie avec son mari. « Elle ne veut pas rendre au passé sa poésie, écrit Kundera. Elle veut lui rendre son corps perdu (…) Parce que, si l'édifice chancelant des souvenirs s'affaisse comme une tente maladroitement dressée, il ne va rester de Tamina que le présent, ce point invisible, ce néant qui avance lentement vers la mort. »

Le traumatisme appelle la mort, réelle ou psychique.

« Le trauma introduit le sujet dans une dimension propre à la tragédie » écrit R. Zygouris.

Confrontée à ce que vivent les personnes traumatisées psychiques, le mythe de Sisyphe s'impose invariablement à moi. Sisyphe, condamné par les dieux à une épreuve épuisante dans les Enfers, épreuve inachevée et éternellement renouvelée, labeur inutile et sans espoir, absurde : rouler sans cesse un rocher (symbole de l'immobilité, de l'immuable), jusqu'au sommet d'une montagne d'où la pierre retombe par son propre poids ; et Sisyphe de recommencer - encore et encore - cette tâche écrasante et infructueuse : soulever l'énorme pierre, la rouler, l'aider à gravir la pente, pour la voir lui échapper aussitôt.

Si ce mythe est tragique, c'est qu'il nous livre un héros enserré dans sa lutte contre un destin aveugle, confronté de surcroît avec la mort, et que ce héros est conscient. Où serait en effet sa peine, comme l'écrit Albert Camus, si à chaque pas, l'espoir de réussir le soutenait ?

A l'instar de Sisyphe, le traumatisé psychique est lui aussi conscient du drame de sa vie : il est réduit à faire des efforts surhumains pour maintenir sa tête hors de l'eau, comme le nageur pris dans les eaux déchaînées d'une mer démontée, et qui reprenant à peine son souffle, se voit à nouveau aspiré vers les profondeurs, par la mort, comme Sisyphe le fut, une fois Thanatos libéré de sa prison par Zeus. Thanatos et sa fonction mortifère !

Confronté inlassablement à la mort psychique et à la destructivité qu'il tente de combattre vainement, recommencer jour après jour cette lutte pour ne pas sombrer, gérer une détresse à nulle autre pareille, me semble être le destin singulier de la personne traumatisée.

Ce syndrome de répétition que nous avons tenté de décrire à travers ce mythe, se présente au premier plan dans le tableau clinique des personnes souffrant de traumatismes psychiques. Par la répétition, agir du traumatisme, « … ce qui est demeuré incompris fait retour ; telle une âme en peine, il n'a pas de repos jusqu'à ce que soient trouvées résolution et délivrance » écrit Freud, dans « Cinq psychanalyses ».

Traumatisme ! Dans le langage courant, nous utilisons souvent le qualificatif « traumatisé » comme lorsque nous disons « je suis traumatisé par tel ou tel événement. » Nous signifions par là que l'événement nous a marqués, a laissé une trace dans notre mémoire, dans notre psychisme et que nous avons du mal à l'oublier. Mais le traumatisme n'est pas qu'un souvenir, même si, entre temps, Il a été fortement refoulé. Il est davantage que cela. Il est actif et actuel parce qu'il perturbe notre vie non pas en tant que souvenir du passé mais en tant qu'élément du présent. Il fait partie de notre vie psychique inconsciente présente qu'il colore de teintes morbides, conditionnant ou fléchissant nos comportements, nos relations actuelles, notre vie. Tout ce que nous sommes suite à un traumatisme, tout ce que nous faisons, est empreint, – de manière subreptice ou marquée, de manière consciente ou inconsciente – des effets ravageurs de la situation traumatisante.

Le traumatisme physique

L'être humain est psychosomatique par construction et l'expression somatique, quelle que soit sa forme ou sa nature, nous affecte tous : tomber malade est une particularité humaine à laquelle nul n'échappe, et les manifestations somatiques accompagnent et suivent le déroulement de toute vie. La voie somatique, celle des éprouvés corporels mais aussi des somatisations, est une voie courte, alors que la voie mentale, celle de l'élaboration psychique, demande du temps. (Rosine Debray, « Clinique de l'expression somatique ».) C'est le travail psychique qui protège le corps contre un éventuel mouvement de désorganisation somatique. Lorsque ce travail s'avère impossible, pour différentes raisons, l'individu, face à une réalité difficile, (décès d'un être cher, perte d'une relation, d'un travail, d'une fonction physiologique – ménopause, amputation – …), n'est plus à l'abri d'un éventuel mouvement de désorganisation somatique. Tout se passe comme si les pulsions, privées de la possibilité d'être métabolisées dans une expression mentale, empruntaient la voie souterraine des organes. Le champ psychosomatique recouvre, comme le dit Léon Kreisler, les maladies physiques « dont le déterminisme et l'évolution reconnaissent le rôle prévalent des facteurs psychologiques ou conflictuels » (La psychosomatique de l'enfant). Ces maladies sont à distinguer des manifestations hypocondriaques et hystériques. L'hypocondriaque croit que l'organe est malade. « Le corps, écrit Léon Kreisler dans le même ouvrage, est pour l'hystérique un instrument, il est pour le malade psychosomatique une victime. Si le premier parle avec sa chair, l'autre souffre dans sa chair. »

La notion de traumatisme est d'abord somatique. Elle désigne selon Forgue « les lésions produites accidentellement, d'une manière instantanée, par des agents mécaniques, dont l'action vulnérante est supérieure à la résistance des tissus ou organes qu'ils rencontrent. » (E. FORGUE « Précis de pathologie externe », Masson) On subdivise les traumatismes en plaies ou contusions selon la présence ou l'absence d'une **effraction** du revêtement cutané.

Tout traumatisme physique, qu'il s'agisse de pertes auditives dues à des traumatismes sonores aiguës ou chroniques (explosion, bruit fait par un marteau piqueur, baladeur ou boîtes de nuit diffusant des décibels très élevés) ou d'une commotion cérébrale, pour ne citer que ces deux exemples, affecte immanquablement le psychisme. L'exemple du traumatisme cranio-cérébral nous servira brièvement d'illustration. Provoqué le plus souvent par un choc accidentel sur le crâne, une agression physique due à un agent extérieur (accident de la route, du travail, du sport, accidents domestiques, agressions, chute), la notion d'**effraction** est présente, associée au caractère violent et inattendu de l'acte. Choc pouvant détruire le tissu cérébral ou provoquer son dysfonctionnement, les incapacités physiques observables que ce traumatisme peut provoquer, dont les atteintes motrices et les pertes sensorielles, pour n'en citer que quelques-unes, sont immanquablement accompagnées de perturbations psychologiques : variabilité de l'humeur, comportements agressifs, …souvent apathie et manque de volonté. La perte de l'estime de soi et l'inévitable deuil à accomplir pour s'adapter aux nouvelles limites physiques et mentales causées par la maladie s'accompagnent souvent de manifestations dépressives que nous ne pouvons ignorer.

Le traumatisme crânien provoque chez le malade un état de confusion et de chaos ; confusion psychique liée au choc, à la commotion et à la sidération lors de l'accident. Le traitement de ces victimes, atteints à l'origine dans leur corps, est un processus long et complexe qui nécessite non seulement la collaboration de toute une équipe médicale mais aussi l'apport d'autres spécialistes : psychanalyste, psychologue, travailleur social... En effet, soigner les blessures du corps s'avère insuffisant pour aider le malade ; il faut aussi se soucier de son psychisme en assurant au patient une présence contenante pour le soutenir dans ses efforts pour résister à une expérience déréalisante, vécue souvent sous le signe d'une terreur intense. L'agression ayant été vécue dans l'effroi, les frontières psychiques sont ébranlées et la capacité de filtrage entre le dedans et le dehors, mise en faillite. L'effraction traumatique ayant provoqué la sidération, l'incapacité de fuite et l'immobilisation du Moi pris au piège de la massivité de stimuli non élaborables, le syndrome de répétition apparaît après l'accident et traduit un fonctionnement en impasse : ni expulsion, ni liaison, le Moi étant invalidé dans sa capacité de travail d'assimilation psychique. La plainte du traumatisé crânien est à entendre afin de lui permettre d'échapper à cette répétition. Cette présence contenante, cette écoute bien particulière, cette assistance psychologique ne peuvent être assumées, à mon avis, que par un analyste. Sans oublier l'importance d'autres professionnels pour faciliter sa réadaptation ultérieure et pour le soutenir, ainsi que ses proches, en proie au désarroi.

Dans les milieux hospitaliers, une multitude de médecins et de soignants prennent en charge avec beaucoup de sérieux et d'efficacité le corps meurtri, les blessures visibles. Le psychisme blessé, lui, n'est pas visible et il est plutôt rare que l'on s'en soucie. Et pourtant ! Nous connaissons aujourd'hui mieux les relations psyché-soma ; nous n'ignorons guère l'impact d'un bon moral sur l'amélioration physique et à l'inverse, les effets d'un moral altéré par le doute et la peur qui bloque la voie à la guérison. Les médecins et les psychanalystes sont confrontés régulièrement aux maladies dites hypocondriaques ou psychosomatiques, même s'ils ne lui accordent pas le même type d'intérêt. Ne sont pas nombreux les membres du corps médical qui accordent suffisamment d'attention et d'écoute à des patients qui expriment à travers des plaintes organiques, - mais en l'absence de lésions - une souffrance d'un tout autre ordre, non reconnue, une atteinte à l'intégrité de la personne, non visible et aux contours incertains, une souffrance balayée par cette phrase dite avec légèreté :

« vous n'avez rien, c'est nerveux » laissant la personne aux prises avec ses angoisses. Dans le cas d'une atteinte organique, le corps souffrant est pris en charge, il est vrai, mais le malade n'échappe pas à la surdité des praticiens face à sa plainte psychique. Détresse psychique que les psychanalystes et psychologues écoutent en premier.

Le traumatisme psychique

Est qualifié de traumatisme psychique tout événement faisant brusquement effraction dans l'organisation psychique de l'individu et pouvant causer des troubles physiques ou psychosomatiques.

Freud et le traumatisme

Evolution historique de la notion de traumatisme chez Freud

La notion de traumatisme subit des développements importants dans la pensée Freudienne. Au début de ses réflexions, le traumatisme se réfère au sexuel et est lié à la « théorie de la séduction. » Mais en 1897, après avoir découvert que les scènes de séduction relatées par les patients sont parfois le produit d'une reconstruction fantasmatique, il y renonce et écrit à Fliess : *je ne crois plus à ma neurotica*. Dans un second temps, le traumatisme représente une « effraction du pare-excitation. » La fonction de pare-excitation consiste à protéger l'organisme contre les excitations venant du monde extérieur ainsi que des pulsions du monde intérieur, et qui, par leur intensité, risqueraient de le détruire. Le traumatisme serait donc « une expérience vécue qui apporte à la vie psychique, en un bref laps de temps, un accroissement de stimulation si fort que la liquidation ou l'élaboration de celui-ci …échoue », comme le serait la détresse du nourrisson, qui est une angoisse par débordement, lorsque le signal d'angoisse ne permet plus au Moi de se protéger de l'effraction quantitative, quelle soit d'origine interne ou externe. Plus tard, Freud met l'accent sur le lien entre le traumatisme et la perte d'objet. En 1937, il envisage l'action du traumatisme dans la constitution des troubles névrotiques. Un an plus tard, il écrit : « il est possible que ce qu'on appelle névroses traumatiques (déclenchées par un effroi trop intense ou des chocs somatiques graves tels que collisions de trains, éboulements …) constituent une exception ; toutefois, leurs relations avec le facteur infantile se sont jusqu'ici soustraites à nos investigations. » Lorsque Freud parle de névrose traumatique, il insiste sur le caractère somatique (« ébranlement » de l'organisme provoquant un afflux d'excitations) et sur le caractère psychique (effroi) du traumatisme. C'est dans cet effroi qui est un « état qui survient quand on tombe dans une situation dangereuse sans y être préparé », que Freud voit le facteur déterminant de la névrose traumatique. A cet afflux d'excitations dont nous venons de parler, qui fait irruption et menace son intégrité, le sujet ne peut répondre ni par une décharge adéquate, ni par une élaboration psychique, à cause de la nature du traumatisme et de son état psychique (frayeur) au moment de l'événement. Par conséquent, il répétera de façon compulsive, avant tout dans ses agirs, mais également dans ses rêves, la situation traumatisante, afin de tenter de la lier. La vie onirique des névroses traumatiques ramène sans cesse le malade à la situation de son accident, situation dont il se réveille avec un nouvel effroi. Dans ces rêves répétitifs consécutifs à des traumatismes psychiques, l'on s'interroge s'il s'agit de tentatives faites par le moi pour maîtriser, puis abréagir des tensions excessives, ou s'il s'agit d'une tendance à la décharge absolue, qui s'illustre dans la pulsion de mort, marque du « démoniaque », force irrépressible qui lie tout désir, agressif ou sexuel, au désir de mort ?

En 1939 enfin, vers la fin de sa vie, Freud écrira : « nous appelons traumatismes les impressions éprouvées dans la petite enfance, puis oubliées, ces impressions auxquelles nous attribuons une grande importance dans l'étiologie des névroses. » Il s'agit d'impressions d'ordre sexuel, agressif, de blessures narcissiques précoces et aussi de perceptions visuelles ou auditives, en somme d'événements vécus ou d'impressions. Au traumatisme infantile peut succéder immédiatement une névrose infantile mais il arrive souvent que la névrose se manifeste des années plus tard, après un temps de latence, dans l'après-coup.

Toujours selon Freud, le traumatisme peut avoir 2 types d'effets : positifs, ils sont organisateurs car ils permettent par à coups successifs la répétition, la remémoration et l'élaboration ; négatifs, ils créent une enclave dans le psychisme qui empêche l'accès au souvenir et rien ne se trouve répété, remémoré, élaboré. Le trauma accomplit ainsi son œuvre destructrice.

En psychanalyse, existe toute une échelle entre les cas où un événement minime prend valeur déclenchante du fait d'un faible degré de tolérance du sujet à toute excitation ou à telle excitation particulière, et le cas où un événement d'une intensité objectivement exceptionnelle vient perturber brusquement l'équilibre du sujet. Dans les deux cas, où l'apparition des symptômes fait suite à un traumatisme important (deuil, guerre, accident), le psychanalyste recherche dans l'histoire du sujet, des conflits névrotiques que l'événement ne fait que précipiter. La psychanalyse conteste le déterminisme de l'événement traumatique, d'une part, en en soulignant la relativité par rapport à la tolérance du sujet ; d'autre part, en insérant l'expérience traumatique dans l'histoire et l'organisation particulière du sujet.

Ferenczi et la métaphore du « nourrisson savant » ou « the wise baby » (1924-1932)

En 1923, dans une brève note clinique, Ferenczi évoque un rêve raconté par des patients, un rêve qui met en scène un très jeune enfant qui tient aux adultes des propos d'adultes d'une grande profondeur. « Ce sont des rêves, écrit-il, où un enfant nouveau-né ou un nourrisson au berceau, se met soudain à parler pour donner de sages conseils aux parents ou aux autres adultes. Dans un de mes cas, ajoute l'auteur, l'intelligence de l'enfant se comportait donc (…) comme une personne à part, qui avait pour tâche de porter secours à un enfant presque mortellement blessé. ' Vite, vite, que dois-je faire ? On a blessé mon enfant ! Il n'y a personne ici qui puisse l'aider ? Mais voyons, il perd tout son sang ! Il ne respire presque plus ! Je dois panser la blessure moi-même. Allons, mon enfant, respire profondément, sinon tu vas mourir. Voilà que le cœur s'arrête ! Il meurt ! Il meurt ! …' »

Il existe plusieurs niveaux d'interprétation de ce rêve dont celui-ci : Il s'agit d'un enfant traumatisé et narcissiquement atteint dans l'unité de sa personnalité, devenu un adulte clivé du fait de l'empreinte de son trauma. A travers la figure du « nourrisson savant », Ferenczi illustre le développement de l'hypermaturité secondaire à un choc psychique, à une détresse psychique extrême et surtout à l'angoisse de la mort. Menace d'annihilation, affect d'extrême solitude et d'abandon chez l'enfant, l'expérience de la détresse étant à relier à celle de la défaillance probable de l'objet maternel et de ses capacités pare-excitante et contenante. Pour Ferenczi, le trauma doit être considéré comme résultant d'une *absence de réponse de l'objet-mère face à une situation de détresse.*

« Ne pouvant se fier à personne, écrit Joyce Mc Dougall dans 'Théâtres du corps', ces patients (traumatisés) se font une obligation de s'occuper de leur propre sécurité physique et psychique, comme si personne d'autre n'était vraiment fiable. Ils ont compris très tôt dans la vie qu'ils devaient être leurs propres parents. Les insomniaques par exemple, doivent constamment veiller sur leur être nourrisson pour s'assurer qu'il est hors de danger. C'est leur façon de pallier une angoisse de séparation qui pourrait les accabler subitement. »

Pré maturation et progression traumatique. Une partie de la personne mûrit prématurément, car « le danger vital contraint à une maturation précoce. » L'on voit ici que Ferenczi associe traumatisme et clivage. En surface, la personne se présente comme un être capable, actif, bien réglé ; derrière, se trouvent un être qui ne veut rien savoir de la vie, un Moi mutilé à jamais, avec une sensation de détresse primaire (Hilflosigkeit), et qui, toute la vie durant, se réactive à la moindre occasion.

Nous avons vu rapidement que pour Ferenczi, le traumatisme est précoce. Participent à ce vécu de détresse :

L'action excessive d'une excitation sexuelle prématurée qui prend la valeur d'un viol psychique

La confusion entre le langage de la tendresse de l'enfant et celui de la passion de l'adulte (1924) – séduction sexuelle fantasmatique ou réelle.

Les désaveux ou le déni des adultes face à la souffrance psychique de l'enfant.

L'introjection par l'enfant des sentiments inconscients de culpabilité de l'adulte.

Pourquoi sommes-nous inégaux face aux traumatismes ?

La psychiatrie tente d'apporter une réponse à ces questions en créant le concept de résilience vers les années 70. La résilience est un terme anglo-saxon, « resilient », qui est utilisé en sciences physiques pour désigner la capacité d'un corps à revenir à sa forme d'origine, après avoir été étiré (à l'exemple d'un élastique ou d'un ressort.)

Il s'agit de l'aptitude d'un individu à retrouver rapidement son équilibre psychique après un événement difficile. B. Cyrulnik (1999) insiste sur cette compétence à se régénérer. Selon lui, « l'individu « résilient » puise en lui-même les ressources pour reconstruire sa personnalité autour de son histoire et refuse la carrière de victime que la société lui propose. Il existe certainement une cicatrice liée à la situation douloureuse traversée, mais le blessé psychique trouve la force de construire un nouvel avenir dans la qualité des interactions affectives précoces qu'il a connue surtout avec sa mère. »

Le concept de « résilience » s'appuie sur l'étude et les constatations faites à propos de ces personnes gravement traumatisées, qui survivent psychiquement, n'infligent pas ou ne transmettent pas nécessairement à leurs descendants leur propre expérience traumatique et deviennent des êtres humains extraordinaires qui donnent beaucoup à leur famille, leur communauté et leur société (Dr. Bennett Simon).

Certains sujets résilients, peuvent « plier mais ne pas rompre. » Ils ont une capacité de « rebondir », d'affronter les situations difficiles de la vie, de faire face et de se développer en dépit de l'adversité. Soumis à des événements traumatogènes, ils ne présentent pas de troubles psychologiques particuliers. Bien au contraire, certains tirent des épreuves des forces supplémentaires. La résilience semble souvent comporter une dimension de création, qui laisse penser à la sublimation. Pourquoi certains individus réagissent-ils suite à un traumatisme par un effondrement alors que d'autres, stimulés, deviennent, suite à un deuil, - la perte d'un père par exemple - de grands créatifs ? Didier Anzieu, sans parler de résilience, rappelle dans « l'auto-analyse de Freud et la découverte de la psychanalyse, 1974 » que Joyce, Pascal et Proust ne sont devenus créatifs qu'après la mort de leur père. Proust ne deviendra créateur qu'au terme du travail d'un double deuil, celui de ses deux parents, à deux ans d'intervalle. Freud, à qui son père disait vers l'âge de six-sept ans : « ce garçon ne fera rien », ne pourra démentir cette malédiction qu'à la mort de ce dernier en effectuant à sa disparition l'une de ses découvertes majeures : l'existence et le rôle structurant des souhaits de mort oubliés que le garçon a pour son père, ce rival originaire. Ce démenti, Freud ne peut l'adresser qu'à un père défunt, écrit Didier Anzieu dans « psychanalyse du génie créateur, 1974 », père dont la disparition a levé la malédiction et libéré en lui les potentialités créatrices : libération de ce souhait de mort rentré en lui depuis l'enfance. « Créer, c'est toujours d'une certaine façon tuer quelqu'un, la chose étant facilitée si ce quelqu'un est déjà mort, car on peut le tuer avec un moindre sentiment de culpabilité. » Comment expliquer ce « décollage de la créativité » (l'expression est d'Anzieu) de certains, et l'effondrement d'autres, suite à une perte ou à une situation traumatisante ? Malgré de nombreuses recherches, on connaît mal encore ce qui détermine la vigueur de la personnalité d'un « survivant » après un trauma.

Des études faites sur des populations d'enfants gravement traumatisés suite à des expériences de guerre, de persécution (les survivants des massacres et des génocides du 20° siècle, les expériences vécues par les populations du Rwanda et d'autres régions du monde où conflits armés et persécutions sévissaient, la guerre du Liban …) montrent, que dans leur majorité, ces enfants sont devenus des adultes productifs, tirant beaucoup de satisfaction de leur vie et en donnant beaucoup aux autres, même si leur vie n'était pas exempte de souffrances et même s'ils portaient les cicatrices de leur pénible histoire.

De toutes ces études, (Le Coq-Héron, n°167, 2001) des « facteurs de protection » ont pu être dégagés. J'en citerai quelques-uns :

1 – Avoir des ressources : c'est-à-dire être capable, même dans les situations les plus terribles, d'extraire même en quantité infime, de la chaleur humaine et de la gentillesse. Les enfants « résilients » ont le « don » de s'attirer l'appui affectif de l'adulte et réciproquement, l'adulte a le sentiment de recevoir quelque chose de cette relation. Cette interaction permanente, cette relation intense et fiable avec l'adulte, permet de générer des réserves émotionnelles. L'enfant intériorise ce soutien et le garde en lui comme une nourriture psychique.

A la suite de la deuxième guerre mondiale, avec ses terribles destructions et la dispersion massive d'individus, comprenant des centaines de milliers d'enfants déplacés et/ou restés orphelins, des recherches de psychanalystes, comme ceux de Bowlby en Angleterre, ont montré que les enfants retirés à leur famille pendant le blitz et mis en sécurité à la campagne, présentaient des troubles plus importants que ceux qui étaient restés sous les bombes, dans les abris, avec leurs parents.

2 – Avoir une curiosité et une maîtrise intellectuelle, une capacité de conceptualiser : être informés sur ce qu'ils vivent (violence familiale par exemple due à un parent malade) procure à ces enfants le sentiment d'être actif plutôt que subissant. Comprendre permet une certaine compassion tout en gardant une distance prudente et la recherche d'un lieu où l'on est plus en sécurité et donc de localiser le danger ; comprendre peut diminuer les sentiments d'isolement, d'échec et de faute, peut aussi faire prendre conscience que cela arrive à d'autres aussi jusqu'à dire parfois : « pour moi, ce n'était pas si affreux. »

3 – Permettre aux enfants de garder précieusement leurs objets d'attachement, les objets transitionnels : un thème récurrent chez des enfants qui ont survécu à des guerres ou à des persécutions est leur attachement à des objets affectivement fortement investis, qui les ont soutenus et nourris psychiquement.

4 – Favoriser la vie et la cohésion de groupe : Des études faites par Sara Moskovitz sur un groupe d'orphelins palestiniens en Tunisie, ont montré que l'allégeance au

groupe et l'aide et le soutien réciproques dans le groupe ont contribué à leur survie physique et psychique.

5 – Avoir un but pour la vie : Nietzsche écrivait: « celui qui dispose du « pourquoi » pour vivre, peut vivre avec presque n'importe quel « comment ». Avoir un but permet de « tenir », mais parfois l'échec de la réalisation du but peut entraîner un désespoir suicidaire.

6 – Cultiver l'envie et la capacité d'aider autrui : Des études faites en 1989 par Bryce, sur des mères prises sous le feu à Beyrouth, ont montré que lorsque durant les cessez-le-feu, les enfants se rendaient utiles au lieu de s'affaler devant la télévision, ils se portaient beaucoup mieux.

Ces quelques « facteurs de protection » que nous venons de citer, représentent, il est vrai, des capacités que l'enfant possède grâce à son histoire singulière. Ces capacités interagissent constamment avec les adultes qui l'entourent, ce qui nous permet de relever l'importance du rôle de l'adulte reconnu affectivement fiable par l'enfant.

Comment aider les personnes traumatisées ?

L'aide peut comprendre divers volets. Je vais me centrer brièvement sur les approches psychologiques qui peuvent être multiples et variées, allant selon les cas, de la prise en charge précoce, sur les lieux mêmes d'un accident ou d'un attentat par exemple, en mettant en place des cellules d'urgence médico- psychologique, à une prise en charge à long terme, à caractère thérapeutique, associée parfois à une thérapeutique médicamenteuse. Les techniques psychologiques peuvent varier selon les orientations spécifiques des spécialistes qui les pratiquent. Ne pouvant entrer dans ces détails, je me référerai uniquement et de manière succincte à la technique psychanalytique.

Dans l'analyse, par l'action de la résistance, la compulsion de répétition se substitue au souvenir et l'analysant répète dans le transfert ce qu'il n'arrive pas à se remémorer. « Même si la répétition indique que toute élaboration symbolique est écartée, écrit F. Guignard, ce qui ne peut être remémoré va resurgir comme réalité dans le transfert. » Tout l'art de l'analyste consistera à aider l'analysant, grâce à la force du lien transférentiel et à la solidité de l'alliance thérapeutique, à aider le patient à passer de la répétition à l'identique à des liaisons intégratives, à travers un travail de remémoration, accompagné immanquablement d'une grande souffrance, dont on ne peut malheureusement faire l'économie. L'analyste, véritable contenant thérapeutique, accueille le patient comme un enfant en détresse et devient celui qui « réanime » chez le patient, grâce à sa « présence bien vivante » la partie « morte », clivée, dans l'agonie de l'angoisse, en lui apportant la protection et le soutien qui lui auront manqués au moment du trauma (Ferenczi); le moyen de lever le clivage doit se faire par la capacité de l'analyste à pouvoir « penser » l'événement traumatique, c'est-à-dire, à proposer au patient, des pensées et des représentations permettant à long terme une reprise des processus de symbolisation et une repsychisation des zones dans l'agonie. Processus non linéaires, formés par de nombreux surgissements de l'événement traumatique.

Une image : celle d'un océan déchaîné avec des lames violentes, effrayantes, qui cèderait progressivement la place à des vagues ondulatoires harmonieuses, et enfin à une étendue marine plus sereine.

CHAPITRE 2

UN PARFUM DE JASMIN([1])

« L'enfant commence son existence en étant déjà approprié par l'autre, il doit à son tour s'approprier les autres, mais toujours au nom d'une instance tierce : l'origine, la loi, les ancêtres »

O.Douville, *1998.*

Que peut-il advenir d'une personne ayant évolué durant toute son enfance dans un climat familial composé de femmes en noir et de parents dépressifs et traumatisés ? Que peut-il advenir psychiquement de cette même personne lorsqu'à l'âge adulte, elle fonde un foyer où le quotidien est jonché de traumatismes cumulatifs, lesquels peuvent parfois détruire la base même du sentiment d'identité ?

Ainsi se présente Yasmine. À la névrose infantile, aux traumatismes transgénérationnels vient se greffer à l'âge adulte un choix névrotique du partenaire de vie, la plongeant encore une fois dans une situation traumatogène. Yasmine, qui dans son choix d'un conjoint, recherchait un homme croyant et pratiquant mais non conformiste, (pour fuir le dogmatisme religieux familial), se trouve prise dans les mailles du filet d'un partenaire paradoxal : porté sur la religion certes mais sadique moralement et pervers.

Le XX° siècle fut le théâtre de nombreux génocides dont le génocide arménien. Quelques membres de la famille de Yasmine périssent, massacrés durant ce carnage. Ses parents échappent à la mort. Ils se réfugient comme beaucoup d'arméniens au Liban. Les tantes en noir portent toujours le deuil des disparus et du pays. Comme l'écrit J. Améry ([2]), « Il n'y a pas de nouveau "pays natal". » Le pays natal est le territoire de l'enfance et de la jeunesse. Qui l'a perdu, reste un être perdu. » Deuil

---

1 in *Revue Française de Psychanalyse*, «Névroses», 4, tome LXVII, 2003.

2 J. Améry, (1970), Jenseits von Schuld und Sühne – Bewältigungsversuche eines Überwältigten, trad. F. Wuilmart, *Par delà le crime et le châtiment – Essai pour surmonter l'insurmontable*, Acte Sud, Paris, 1995. p. 92.

impossible pour tous : « l'on vivait littéralement en Turquie et on survivait au Liban » dit Yasmine qui grandit dans une ambiance paradoxale. Les adultes regrettaient avec beaucoup de nostalgie le pays qu'ils avaient dû quitter, laissant la petite Yasmine étonnée de ne pas y vivre « puisque c'était si beau » ; ils répétaient d'autre part comme une mélopée des récits horrifiants, évoquant les meurtres, les viols, l'exode, plongeant l'enfant dans une angoisse allant s'amplifiant. « Ces femmes toujours en noir, dit Yasmine. Ce ton nostalgique, exalté, pour parler de la Turquie. Ces disparus qu'on attend toujours… Ces silences… Ce silence ! J'ai chaviré intérieurement lorsque à une de mes questions, ma tante me répondit : on ne voulait plus de nous là-bas. À l'école, je vivais la même expérience, me sentais rejetée parce que je ne parlais pas l'arabe. J'ai vécu mon gros chagrin sans révolte, sur le mode des silences tragiques des grands deuils. »

Le Liban : terre d'accueil, certes, mais qui n'offre alors aucune structure pour aider les arrivants, parqués dans un quartier appelé La Quarantaine où ils sont mis en quarantaine. Un parc à bestiaux. En attendant de trouver un logement pour les plus nantis, s'ils ne sont pas traités d'anthropophages !

Perte de sa « terre », d'êtres chers et de tous ses biens. Que ressent l'être humain lorsque du jour au lendemain, il ne lui reste plus rien ? Presque plus rien, nul ne pouvant vous ravir la mémoire !

À cette souffrance innommable vient s'ajouter le statut de « réfugié », avec toute la connotation péjorative que ce terme ne manque pas de véhiculer, jusqu'à présent d'ailleurs.

Des demandeurs d'asile dont on veut se débarrasser, que l'on confond parfois avec des anti-sociaux. À mettre au ban de la société. Des marginaux ! En marge, à la lisière, à la frontière. Quelle frontière ?

Ou alors, opter : plus dehors que dedans ; plus dedans que dehors… Comment être dedans ? Comment être Libanais tout en restant Arménien ? Comment être intégré sans être assimilé, sans perdre son identité ? Comment être libanais sans accepter d'être arabe ? « Comment ne pas penser " arabe " sans penser " musulman ", c'est-à-dire " turc "(^{3})» dit Yasmine, lors d'une séance.

Des questions que tout « déplacé » ne peut manquer de se poser avec angoisse. L'angoisse sous différentes formes, notamment phobique, que l'on ne manquera pas de retrouver chez Yasmine.

Des problèmes d'identité aussi. Lorsqu'un groupe social est attaqué comme dans le cas d'un génocide, les rescapés éprouvent leur identité personnelle comme secondaire et l'identité ethnique devient le signe identitaire. Au lieu d'être l'enfant de telle femme et de tel homme, on devient enfant d'arméniens. Dans un autre cas de figure, l'immigré projette sur la communauté d'accueil un idéal d'unité, communauté à laquelle il essaie de s'intégrer, scotomisant sa diversité. Sentiments vécus par Yasmine ainsi que par d'autres arméniens. (Voir témoignages.)

Honte et culpabilité exprimées par Yasmine lorsqu'elle essaie de s'intégrer: « je ne voulais pas trahir papa, maman, mes tantes, notre église, la musique arménienne, notre cuisine. »

Faire face aux moqueries, aux quolibets ; faire face à l'appellation dédaigneuse d' « ERMEN » (l'Arménien, connotation péjorative) : c'est un « Ermen » qui a dévalisé cette banque, blessé telle personne, commis tel acte anti-social, clamait-on haut et fort. Les enfants dans la cour de l'école de Yasmine chantaient :

« Arménien, Arménien, espèce de patate,

Tes fesses, tes fesses pétaradent »

Magiquement, pour les adultes complices de ces railleries, ce même « Ermen » devenait un « Libanais » lorsqu'il s'avérait un peintre dont on s'arrachait les toiles !

Signe distinctif de l' « Ermen » : le " IAN ".

Deux témoignages d'arméniennes :

« J'ai toujours vécu mon nom de famille comme étant lourd à porter. Un poids que je savais devoir assumer toute une vie, sinon jusqu'à mon mariage. Seul un mariage avec un conjoint non-arménien pourrait me libérer de cette marque indélébile, la marque au fer rouge de l'appartenance ethnique. Ce signe distinctif, un fardeau qui

---

3« Turc » renvoyant au traumatisme du génocide des arméniens.

me faisait ployer les épaules, me faisait raser les murs et lorsque j'avais à me présenter, je le faisais par mon seul prénom. Parfois, acculée, je révélais mon nom de famille très rapidement, d'une voix presque inaudible, ajoutant rapidement "vous savez, il est difficile à prononcer, contentez-vous de mon prénom". Mon prénom ! Je ne remercierai jamais assez mes parents de l'avoir choisi. D'origine européenne, nul ne pouvait deviner mes origines arméniennes. » (Témoignage 1)

« Lorsqu'il m'arrivait de révéler mes origines, on me disait : "tu n'as pas l'air d'une arménienne ; on ne le dirait pas, tu es vraiment arménienne ?" Ces phrases me faisaient plaisir alors, j'étais intégrée. Puis, elles me firent réfléchir : être arménienne, est-ce être grosse, joufflue, avoir « les fesses en goutte d'huile », comme on avait l'habitude de le dire ? Est-ce avoir l'air de vivre dans le quartier arménien populeux de Beyrouth ? Est-ce mal parler l'arabe, le français ? Comment peut-on avoir « l'air arménien ? » De quels signes extérieurs portons-nous la marque honteuse ? On me disait aussi de plus en plus étonné : "tu parles l'arménien ?" Lorsque je répondais par l'affirmative, l'étonnement se doublait d'admiration…Comme s'il était incompatible d'être MOI et arménienne de surcroît ! À un moment donné, je raisonnais comme si être arménien était une tare aux yeux des libanais de souche et qu'il fallait constamment m'« élever », faire mieux que les autres, être mieux que les autres pour être acceptée dans la communauté dite d'accueil. » (Témoignage 2)

Et les copines de Yasmine de répéter :

« Yasmine est peut-être une arménienne, mais une arménienne pas comme les autres. »

À l'instar de ses « sœurs » arméniennes, Yasmine met tout mis en oeuvre pour « s'élever. » Elle y parvient jusqu'au jour où son psychisme malmené, meurtri, lui fait « perdre pied. »

L'ANALYSE

Âgée d'une quarantaine d'années, mariée à un homme sans profession fixe et mère de deux enfants, Yasmine, active professionnellement, se présente durant les premiers entretiens avec trois particularités : une culture très vaste, une obésité bien marquée et une immense douleur. De cette femme meurtrie, souvent terrorisée et n'ayant plus aucun repère, émanent cependant une grande force et un courage qui forcent l'admiration. Je lui propose une psychanalyse à raison de 3 séances par semaine qu'elle accepte aussitôt. Dans cette vignette clinique, je tenterai de vous présenter quelques moments de son parcours.

Yasmine a enfin trouvé un lieu pour exprimer ses différentes peurs : peur de conduire (surtout la nuit), peur des tunnels, peur de son mari, d'être tuée par lui, peur de la folie. Elle décrit ce mari comme un homme violent dans les actes et les paroles, violence qu'il exerce envers tous les membres de la famille. Il la frappe, essaie de l'étrangler, veut mettre le feu à la maison, disparaît plusieurs jours d'affilée, puis réapparaît pour s'étendre de longues heures sur un canapé, hagard, les yeux injectés de sang. Situation « affolante » pour Yasmine qui s'inquiète pour ses enfants et pour elle-même. « Qui est fou, s'interroge-t-elle ? Suis-je normale ou malade ? Il va me rendre folle. »

Principaux acteurs dans la vie de Yasmine

Le père, aujourd'hui décédé, ayant naguère occupé une haute fonction dans sa profession. Homme de forte carrure, imposant, la plupart du temps silencieux et « intouchable. »

La mère, une personnalité bien marquée, omniprésente dans la vie de l'analysante, exerce une influence sur divers plans tout le long du développement de Yasmine :

La nourriture d'abord : gavage de la petite fille qui ne mangeait pas assez ; restriction alimentaire imposée à l'adolescente sujette à l'embonpoint. La prise de poids débute à cette période et se transforme en obésité après le mariage.

Le corps et la féminité ensuite : lors de la féminité naissante de Yasmine, les messages maternels n'ont trait qu'aux risques d'être une femme, avec de multiples interdictions concernant les soins esthétiques du visage et du corps. (L'ombre du viol des femmes durant le génocide est toujours présente.)

La présentation du « plaisir » enfin, toujours coiffée d'une morale rigide : une éducation religieuse très chrétienne est inculquée à Yasmine et il lui faut absolument en pratiquer les préceptes. Les plaisirs de l'esprit sont fortement valorisés, ceux relatifs à l'embellissement et à l'entretien du corps, interdits.

Les autres acteurs dans la vie de Yasmine

Le frère cadet, longtemps absent dans le discours de la patiente. Elle n'en parlera que lorsque les résistances liées à la rivalité fraternelle et au désir d'être un garçon seront abordées.

La tante, célibataire, véritable « mère-tendresse. »

L'ami de toujours, Michel. Une amitié amoureuse en toile de fond.

Dès l'enfance et jusqu'à l'âge adulte, Yasmine a été confrontée à la problématique du corps comme en témoigne ce bref aperçu :

*Un corps gavé puis combattu, constamment dénigré par la mère.

*Un corps repoussé par le père, arrêtant net les élans de sa fille.

*Un corps d'abord désiré par le mari, puis maltraité, souillé.

*Un corps « ballon », objet de dérision, critiqué par ses enfants, parfois même malmené (par identification au père.)

*Un corps « forteresse blindée » avec la prise de poids. Paralysé de douleur, inexistant dans le discours durant les premiers mois de l'analyse.

*Un corps « parlant, criant » sa souffrance.

*Un corps aimé, devenu séduisant vers la fin de l'analyse.

Lors du traitement analytique, disparaissent en premier les phobies et la crainte de la folie. La peur à l'égard du mari se trouve considérablement réduite et Yasmine entreprend des consultations en vue d'une démarche de divorce. Personne ne l'encourage dans cette voie et surtout pas sa mère qui lui dit : « supporte, vis en chrétienne, avale, serre les dents, ne crie pas. » Et Yasmine de hurler en séance : « j'enfle de ce que je ne dis pas, j'enfle en vertu de bons principes, d'idéaux chrétiens. » De sérieux ennuis de santé se manifestent alors, des hémorragies plus particulièrement. Yasmine se sent menacée physiquement par « un feu qui passerait du ventre à la poitrine. » Un rêve exprime son combat contre thanatos : « je me trouvais à un croisement entre la vie et la mort, dit-elle ; j'ai choisi la vie. » Elle se met à bouger sur le divan, elle qui laissait voir jusque-là un corps rigide, immobile. « Je sors d'un gouffre, je bouge » ajoute-t-elle avec une note de surprise, suivie d'une exclamation de plaisir. Quelques jours plus tard, elle part en vacances, à la mer. À son retour, elle raconte qu'elle a beaucoup bougé, nagé, senti et pris du plaisir ; elle a même été draguée par un homme qui lui a effleuré un sein. Une brèche dans la forteresse ?

Longtemps, les affects transférentiels sont exprimés avec beaucoup de retenue, dans une élaboration rationnelle qui les appauvrit parfois de leur sève affective, même si elle s'abandonne totalement au cadre et à moi, comme un enfant confiant dans les bras de sa mère, excluant l'homme de cette dyade. Dans un rêve, elle laisse partir le père pour rester avec moi. Une situation d'avant la triangulation. Je suis assimilée à la tante-tendresse à qui elle demande de l'amour et des mots apaisants quand elle « sort de ses gonds » et que sa mère lui ordonne de se taire. Je lui renvoie que l'apaiser avec des mots tendres, c'est aussi la réduire au silence et empêcher son « cri. » Elle dit alors : « j'avale ma colère ; si je n'avalais pas, on cesserait de m'aimer ou on m'ignorerait ; ce serait la pire des punitions. C'est vrai pourtant, l'apaisement empêche l'expression de la colère. Elle ajoute timidement : l'agressivité peut être aussi un élan vital, n'est-ce pas ? » L'analyse d'un fragment de rêve lui permet de comprendre l'ambivalence de son désir : « j'ai peur de perdre la terre où j'ai planté ma tente » dit-elle. Planter sa « tente », ailleurs, expression de son désir de recommencer sa vie, désir dont elle a encore peur. Mais aussi, planter la «

tante », lafemme, et avec elle ses émois homosexuels, pour éventuellement aller vers l'homme et renoncer au désir d'être un garçon. « Je suis dans un entre-deux, dit-elle ; je dois chercher où je suis, moi. » Se dessine une recherche de son identité sexuelle bien qu'elle continue encore d'avaler sa libido comme elle avale son agressivité.[4]

Lors de la séance suivante, elle reparle de la « terre » : « le pied, on le pose par terre » dit-elle. Elle associe avec « perdre pied » en pensant à un éventuel divorce, puis relève que parfois elle ne sait pas comment poser son pied, et sans transition parle de « prendre son pied. » Je me contente de relever cette expression sans attirer son attention sur sa connotation sexuelle ni sur l'oscillation mort-vie représentée par « perdre » et « prendre. » L'autre appellation du plaisir sexuel n'est-elle pas « petite mort » ?

Avec une toute petite voix, elle murmure : « C'est choisir son homme, trouver chaussure à son pied. » Elle me semble très perturbée à ce moment, commence à cafouiller, se tait un instant et dit très émue : « les mots me manquent, je ne sais pas utiliser cette phrase. » Les mots lui manquent-ils, les avale-t-elle pour ne pas exprimer, dans un mouvement transférentiel à la fois paternel et homosexuel, son désir à mon égard et la colère qu'elle ressent lorsque je m'absente ? Est-ce de moi qu'elle attend vainement de « prendre son pied », le plaisir, ce mot qui lui manque, comme elle aurait peut-être voulu le recevoir de son père ? Ses associations rejoignent les miennes lors d'une séance ultérieure où après avoir exprimé sa colère contre les hommes, elle dit : « y avait-il chez moi des désirs interdits dont j'ignorais la portée ? Est-ce que j'en veux aux hommes de n'avoir pas découvert la merveille que j'étais, de m'avoir déçue ? » Sa colère lui permet un mouvement libidinal où elle parvient à s'interroger sur sa déception. Doublement déçue, Yasmine : par son père qui partait et par sa mère qui affichait une nette préférence pour son frère. Sa jalousie à l'égard du frère peut expliquer pour une part son identification masculine, le poids semblant l'identifier à la masculinité et lui permettant ainsi de se défendre d'une

---

4 De quelle « Terre » s'agit il ? De celle de ses ancestres ? De l'identite libanaise acquise par son mariage ?

féminité qui la rendrait vulnérable aux déceptions. Yasmine se sent abandonnée par tous ceux qu'elle aime, affect qui émerge à travers le thème de « l'absent. » J'y suis moi-même associée en laissant mon fauteuil « vide » lors de mes absences.

Dès lors, Yasmine décide de réagir et de se « mouiller » davantage. Se mouiller ! Est-ce une évocation érotique ? S'agit-il aussi pour elle de s'engager davantage dans l'analyse ? D'être vraie, authentique, contrairement à sa mère ? « Ma mère disait du bien de moi devant les gens ; en privé, elle me dépréciait : " ne crois pas que tu es comme ça, mais je ne peux pas le montrer aux autres". Je suis l'avorton qu'elle cache, poursuit-elle. Impossible de discuter avec maman ; elle ne parle que de la mort répétant constamment: je suis fatiguée, je vais mourir." »

Avorton ! La fille décevante que n'aurait pas dû avoir sa mère ? Yasmine exprime avec une grande douleur sa rage contre cette mère qui ne la reconnaît pas et qui l'entraîne hors la vie. Je lui dis que jusque-là, il me semblait qu'elle avait orienté cette rage vers elle-même. Elle associe avec « mordre » et « obésité. » « Je mords, j'avale. À un moment donné, je ne savais plus mâcher et ça me faisait mal d'avaler. Pourquoi la nourriture, pourquoi pas l'anorexie, le chantage de la mort par la mort ? Je voulais vivre, trouver le ton juste. » Je pense par-devers moi qu'elle est en pleine recherche de sa « juste place » dans le couple de ses parents mais qu'elle est encore aux prises à sa rivalité oedipienne vis à vis de sa mère perçue comme rivale dangereuse : la tuer, c'est risquer d'être tuée par elle. Elle en parle quelques jours plus tard : « papa, le grand absent ! Est-ce que j'incorporais papa avec la nourriture ? Maman ne me laissait pas atteindre papa, elle me disait qu'une fille ne doit pas blaguer avec son papa, être proche de lui. Elle s'interposait entre lui et moi. Dans mon couple, elle me remplace auprès de mon mari ; comme elle vit avec nous, le matin, elle lui prépare son café, le reçoit quand il rentre, elle le fait tout naturellement. Est-ce que j'ai vécu maman comme rivale dans ma relation à papa ? Je n'ai jamais pu me battre pour avoir ma place ; il y avait toujours cette force, ma mère qui… Je me sens démunie. »

"Vous en avez peut-être peur", lui dis-je. Elle acquiesce après un lourd silence.

Il me semble que pour Yasmine dire, être, équivalent à « tuer » la mère (quelle aime par ailleurs) ou à être objet de menace. Quelle menace ? Celle de la castration du pénis de l'inconscient bien sûr lorsqu'elle évoque cette « chose » que sa mère a cassée et son corps affligé d'un « trou. » Ce trou qu'elle cache avec son enveloppe corporelle, ne parvenant pas à l'investir comme féminité accueillante. Elle choisit alors « d'avaler, d'enfler », plutôt que de subir les foudres maternelles. De sa relation à son père, elle en parle de plus en plus clairement : « on dirait que c'est mon père que je recherche avec angoisse. Je me demande s'il m'aimait. Et si mon père était la personne que j'attends ? Et si en chaque homme que j'approche et que j'évite, il y a cette image du père ? J'aimais beaucoup le contact physique avec lui ; quand il n'était pas là, je me glissais dans son lit pour retrouver son odeur. Toute petite, je le suivais dans ses promenades. Il était la plupart du temps silencieux, communiquant davantage par le regard que par la parole. Parfois, il m'expliquait la nature, les étoiles, le soleil, le silence. Tout cela a disparu à mon adolescence. » Yasmine me présente un père " initiateur." C'est avec lui qu'elle vibrait en découvrant les mystères de la nature, c'est avec lui qu'elle avait ses premiers émois. Seule avec papa, sans maman. Et puis, le changement. Un papa déprimé, mis à la retraite et devant battre en retraite devant le pulsionnel pressenti ; ou déprimé à cause d'elle, mauvaise, "avorton", comme maman le disait souvent ; mauvaise d'avoir souhaité éliminer le frère en donnant des coups de pied dans le ventre maternel. « Quand il est venu, je me suis sentie sanguinaire, sauvage ; je voulais être mon frère en le mordant, en le bouffant. Ce bébé, je l'avais attendu avec maman, c'était aussi mon bébé, celui que j'aurais pu avoir de papa. Mon paradis perdu était-il celui que je formais avec papa ? Je me rapprochais de mon père en voulant l'écarter de ma mère et en m'éloignant d'elle. »

Bouffer le frère, être engrossée par le père, de quoi être obèse !

Peu à peu, Yasmine semble disposer différemment les pions sur l'échiquier de la triangulation : elle comprend que c'est elle qui souhaitait s'interposer entre ses parents et non pas seulement maman qui l'éloignait de papa. Des séances manquées suivent la prise de conscience de son agressivité, ne pouvant s'empêcher par ses absences de m'éliminer aussi, comme elle aurait voulu se débarrasser de sa mère et de son frère. À son retour, elle dit : « je me trouve toujours des alibis pour ne pas être dans des situations d'affrontement ; il y a un corps à corps que je reporte constamment. » Dans cette expression, elle n'y voit que l'attaque et en refoule la connotation affective, voire sexuelle. Elle évoque cependant sa solitude, la peur de s'attacher à moi, les coups que je pourrais lui porter ; elle se (me) demande si je suis inquiète quand elle s'absente et exprime clairement sa crainte de me perdre : « j'ai revécu un jeu, dit-elle, où l'enfant se cache pour voir si sa maman va être inquiète ou indifférente. » Elle poursuit d'un ton très angoissé : « lorsque j'étais petite, j'arrachais les yeux de mes poupées (…) elle ajoute un peu plus tard : mon papa avait un regard vide pour moi. »

Nous avons travaillé le riche matériel de cette séance de nombreuses fois, tout le long des années d'analyse. À qui faut-il crever les yeux ? À celle qui voit, la mère, et qui devine les désirs de Yasmine pour la punir de ce regard désirant pour le père ? Au frère qui lui a volé sa place auprès de maman, maman « grosse » des bébés réels ou imaginaires faits avec le père et dont elle aurait voulu « crever » le ventre ? À Yasmine, par le biais de la poupée qui la représente, par culpabilité ? « Je pense à Œdipe qui s'est arraché les yeux, dira-t-elle, plus tard. Moi, j'ai arraché ceux des poupées pour ne pas m'arracher les miens, à cause de ce désir pour mon père qui représentait pour moi un dieu. »

Et ce regard vide du mystérieux ténébreux que Yasmine met en scène en crevant les yeux de ses poupées, à quoi fait-il barrage ? Au désir oedipien du père à l'égard de sa fille, sur un plan fantasmatique, mais aussi à l'élan pulsionnel qu'elle découvre en elle. N'est-ce pas ce qu'elle répète avec ses poupées en vidant leur regard ?

Agressivité, désir, culpabilité, constituent les thèmes majeurs de cette étape « œdipienne » de l'analyse. Yasmine exprime des sentiments ambivalents à mon égard où je représente tour à tour la mère aimée et la mère castratrice, objet de haine. Je suis aussi le père désiré auquel elle doit renoncer. Le conflit exprimé à travers la boulimie et la dépression trouvera graduellement sa résolution. Une nouvelle étape dans sa vie pourra alors commencer pour elle.

Après quelques annés d'analyse

Yasmine se sépare de son mari et de ses kilos superflus. Elle "désenfle" à vue d'oeil. Elle fait deux rêves où la thématique du pied fait retour : dans le premier où il est question de "pieds enflés", (métaphore d'Œdipe), elle abandonne ses désirs œdipiens, disant « je n'y suis pas à ma place. »

Dans le second rêve, elle porte sur son dos Michel, l'ami de toujours. « Il tombait, dit-elle. Une chiffe molle. Il perd sa chaussure dans un caniveau. Je me glisse dans le caniveau et là, je joue de mes pieds, je m'amuse comme un acrobate. Un homme en face me tire les orteils. Avec cet homme, un copain de mon mari, nous chantions ensemble, naguère, "et toi non plus, tu n'as pas changé. " Un clin d'œil de mon passé, ajoute-t-elle ? Je me disais dans le rêve : Michel coule. Elle poursuit : je me sens très bien toute seule. »

Je reprends en écho " caniveau " qu'elle semble assimiler à un trou. « C'est comme une caisse avec une grille, dit-elle, pas une bière, pas un cercueil mais une résurrection. Elle associe : il y a quelques jours, je lisais un livre où il était question d'un caniveau. » Elle raconte alors l'histoire d'un petit garçon qui, jouant avec une capsule de coca cola, se transforme en grand footballeur et la capsule en ballon, avant de retrouver chacun son état premier. « L'objet, poursuit-elle, on peut le parer d'un halo ; une fois le phénomène de cristallisation disparu, l'objet redevient lui-même. » De quel « objet » s'agit-il ? Probablement du père travesti en Michel. Qu'est-ce qui coule, s'écoule dans le caniveau sinon ses rêves d'une relation amoureuse avec Michel ? Avec son père ? Que représente le ballon, sinon elle-même, devenue obèse, « ballon », à une période de sa vie ? Je me dis aussi que l'expression « tu n'as pas changé » et le jeu de l'homme avec ses orteils semblent être des expressions de séduction. Et lorsque je relève que dans le rêve, elle a les pieds nus, « j'ai les pieds libres, dit-elle, mes pieds bougent, je peux me glisser là où je veux. Je suis libre, débarrassée d'un poids. Je peux jouer, séduire. » Elle ajoute : « c'est un rêve où je m'abuse », voulant dire m'amuse. Son lapsus la fait rire. Moi : « ce n'est peut-être pas très amusant de rester seule. » Elle reparle du « trou » : « dans le trou, j'enfonçais du manger, je grossissais, ça enflait. Tout faisait poids. Vous souvenez-vous du rêve où je cachais mon corps avec des habits qui masquaient mes formes ? Avant, j'avais honte de mon corps, je m'excusais, je prenais n'importe quel vêtement pour me couvrir. Maintenant, je fais les magasins avec plaisir, je choisis mes vêtements, je m'aime. Sa première nouvelle tenue vestimentaire : des pantalons qu'elle a toujours rêvés de porter. Elle peut maintenant s'identifier à moi comme objet oedipien paternel parce qu'elle y a justement renoncé.

Yasmine a besoin de temps pour savourer sa liberté retrouvée et sa nouvelle ligne, toutes deux chèrement gagnées. Liberté psychique mais aussi physique qu'elle exprime de manière jubilatoire.

Pour terminer, je rapporterai un dernier rêve où Yasmine déroule un turban qu'elle a autour de la tête. Elle libère ainsi sa tête aussi de l'étau qui l'enserrait.

« J'enfle de ce que je ne dis pas » disait-elle en début d'analyse.

« Je refuse d'être un ballon, je l'étais, je ne le suis plus, dira-t-elle quelques années plus tard, de retour de ce qu'elle appelle « son exil. »

Je remercie Yasmine qui m'a donné sans hésiter l'autorisation de vous mettre au parfum de quelques moments de son travail analytique. Un parfum de Jasmin.

Références bibliographiques

- AMÉRY, J. (1970), Jenseits von Schuld und Sühne – Bewältigungsversuche eines Überwältigten, trad. F. Wuilmart, Par delà le crime et le châtiment – Essai pour surmonter l'insurmontable, Acte Sud, Paris, 1995, 168p.

- DOUVILLE, 0. (1998), L'identité/altérité, fractures et montages – Essai d'anthropologie clinique, in R. Kaës et col. Différence culturelle et souffrances de l'identité, Dunod, Paris, 259p.

CHAPITRE 3

SABLES MOUVANTS ou des morts en sursis…

« Il ne me fallut pas longtemps pour perdre intérêt à la vie. Je me retrouvai bientôt quasi désespéré. (…) Je me surpris souhaiter être tué car au moins alors je me serais débarrassé de cette intolérable détresse. (…) Je n'étais qu'une insignifiante parcelle d'humanité persécutée au-delà de tout seuil de tolérance… »

Wilfried R. BION, *(Mémoires de guerre, 1999)*

« Dans l'abri, les enfants s'agglutinaient autour de personnes, âgées pour la plupart, qui tentaient de les rassembler à grands appels angoissés… Une détonation beaucoup plus proche (…) Les murs tremblèrent de façon si nette que des gémissements de terreur se répandirent de voûte en voûte jusqu'aux confins de l'immense cave qui semblèrent soudain s'ouvrir sur un gouffre…

Henri **COULOGNES**, *(L'adieu à la femme sauvage)*

Et puis, un jour, tout bascule…

Avril 1975

Nul ne se doutait que cette belle journée de printemps s'achèverait dans les larmes et le sang, prélude à l'horreur : une guerre de plus d'une quinzaine d'années dont aucun survivant ne sortirait indemne.

Je n'évoquerai pas cette guerre d'un point de vue politique, historique. D'autres l'ont fait bien mieux que je ne le ferais. Les dates, les faits ne m'intéressent guère ici. Dans cet écrit, j'interpelle ma mémoire, mes souvenirs, certains encore intacts, d'autres probablement altérés par le temps. J'interpelle des « moments » qui m'ont marquée, étonnée et fait réfléchir depuis. Des moments où vie et mort se confondaient, se croisaient, se séparaient ; où les pulsions de vie prenaient le pas sur les pulsions de mort pour leur céder ensuite la place. Une vie pavée de sables mouvants, faisant de nous des morts en sursis. Cette vie souvent communautaire - les bombardements nous jetant dans des abris de fortune des journées et des nuits entières, parfois même durant des semaines, sans discontinuer - est celle que je tenterai de décrire. Sur le plan clinique, je m'intéresserai spécifiquement à la crainte de l'effondrement accompagnée d'agoraphobie, crainte retrouvée dans le tableau clinique de plusieurs patients. Résultat de traumatismes de guerre répétés éclatant brutalement après une sourde période de gestation, réactivant des expériences infantiles de grande détresse. Une vignette clinique en donnera une illustration.

Comment dépeindre cette guerre qui fit de nous des bagnards sans gardiens ni barreaux ? Où puiser les mots et les qualificatifs pour décrire les affres dans lesquelles elle a jeté toute une population pendant plus de quinze ans ? Pénurie d'eau, d'essence, d'électricité, parfois même de nourriture faute de pouvoir se déplacer pour s'en procurer. Des acquis : un vocabulaire militaire technique qui s'enrichit de jour en jour. Nous reconnaissons au bruit que font les projectiles la nature des armes qui les lancent : les orgues de Staline de fabrication russe - lance-roquettes multitube d'artillerie - déversent à la file 12, 30 ou 40 roquettes ; les mortiers de 240mm transpercent plusieurs plafonds et leur déflagration assourdissante à l'impact fait pâlir plus d'un ; les D.C.A. - mitrailleuses lourdes pour la lutte anti-aérienne -utilisées d'une ruelle à l'autre, qui crèvent les tympans ; le sifflement bien particulier de certaines fusées, … Nous gagnons aussi en débrouillardise : les batteries des voitures servent à faire fonctionner des téléviseurs ou une ampoule blafarde pour ne pas rester dans le noir absolu… Nous sommes aussi des marathoniens d'un genre nouveau : un semblant de bain entre deux bombardements (si l'eau ne fait pas défaut) en cinq minutes, l'enfilage des vêtements le matin (si on n'a pas « dormi » avec ses habits la veille) à la vitesse du son. Vélocité hors pair. Il y en a qui traînent - les vieux et les malades - , retardant la ruée vers les abris de fortune. Ceux-là sont face à un choix cornélien : rester quoiqu'il arrive dans l'appartement, souvent dans une salle de bain, « il y a au moins deux murs », s'asseoir des heures durant dans l'entrée, devant la cage d'ascenseur ou se terrer sans bouger dans ce qu'on appelle pompeusement l'abri. Parfois, on décide pour eux compte tenu de leur état : pour un vieillard prostatique, on optera pour les toilettes ; nécessité oblige ! On l'embrassera avant de l'abandonner à son sort, le cœur très gros, sans savoir quand on le reverra et si on le reverra vivant.

L'abri

L'abri ! Sont appelées ainsi toutes les pièces qui se trouvent au premier sous-sol, même si l'immeuble est construit sur un terrain en pente, avec au moins un mur de soutènement à découvert. Paroi en carton pour les obus de gros calibre. Plus rassurant malgré tout que les escaliers, je me suis retrouvée dans ce genre d'abri durant des années, avec en prime, dans l'annexe, des réservoirs de fioul destiné au chauffage, et de surcroît, juste à côté, un petit cagibi comprenant toutes les installations électriques de l'immeuble. Dans l'éventualité d'une fuite, l'unique issue consistait à passer devant ces locaux ; et si ceux-ci, touchés de plein fouet, venaient à prendre feu, des torches vivantes se consumeraient en esquissant une ultime danse macabre. C'était la hantise de tous ceux qui se terraient là pendant les bombardements. Certains exprimaient leur angoisse alors que d'autres les rassuraient, feignant de croire en la sécurité des lieux : « rien ne peut nous atteindre ici. » Au fond, personne n'était dupe. Nous étions nombreux dans ce sous-sol, parfois une cinquantaine au plus fort des combats. Chaque famille avait son secteur géographique, très réduit certes mais c'était le sien. Elle y entreposait quelques denrées non périssables, des couvertures, des matelas, des bougies, des médicaments de première nécessité, l'inévitable radio, une torche électrique, … et surtout les passeports. Certaines rumeurs des plus pessimistes – on y croyait souvent dur comme fer parce qu'elles se réalisaient la plupart du temps – prévoyaient un génocide des chrétiens jusque dans leur enclave. On disait que l'ennemi avançait, que les lignes de démarcation allaient tomber, même à Beyrouth, et que nous attendrait le même sort que celui des habitants de certains villages de la montagne : tués, parfois à l'arme blanche, mutilés, … Des atrocités que la télévision ne manquait pas de diffuser plusieurs fois par jour. Le génocide, l'exode, je pouvais me les représenter : mes oreilles étaient pleines d'histoires de massacres que les enseignants nous racontaient durant ma scolarité, et dans mes yeux, restaient gravées les photos des déportés, les corps sans vie, mutilés, des arméniens… Les passeports seraient très utiles si nous devions déserter nos abris, nos maisons, pour prendre le premier bateau qui nous sauverait peut-être de la mort physique, s'il n'était pas bombardé. Cette fuite ferait de nous des réfugiés vivants certes, mais avec de nouvelles blessures psychiques. Nous pensions souvent avec terreur à ce scénario catastrophe. A ces moments, chacun savait que pour défendre sa vie et celle de sa famille, il pouvait lui aussi tuer. L'être humain a en lui une graine qui peut le transformer en meurtrier ; j'ai senti sa présence, je n'ai pas eu besoin d'y avoir recours. Freud ne disait-il pas en 1915 « La guerre fait réapparaître en nous l'homme des origines »[1], se référant aux vœux de mort que l'inconscient meurtrier héberge contre l'ennemi, ainsi que contre les personnes aimées.

Dans l'abri, nous nous sentions à la fois en sécurité et en danger. En sécurité, parce que les familles étaient réunies ; en danger, la mort rôdant tout autour et pouvant nous atteindre. Dans nos prières, nous demandions une seule chose : mourir plutôt qu'être blessés, mutilés. Impossible d'atteindre un hôpital sous une pluie d'obus, même celui le plus proche. Notre désarroi semblait à la mesure de celui décrit par Bion : « je me surpris souhaiter être tué car au moins alors je me serais débarrassé de cette intolérable détresse. »[2] Parfois, au moment où une série de projectiles atteignait de plein fouet le quartier, le fracas des vitres se brisant s'accompagnait de cris et des hurlements. Nous n'osions nous regarder, totalement impuissants, figés, presque sidérés. Alors, les membres de chaque famille se rapprochaient davantage ; les adultes couvaient physiquement les jeunes enfants, dont plusieurs bébés, les protégeant de leur corps, se transformant en boucliers humains lorsque tout se déchaînait à l'extérieur. A ces moments, on pouvait palper l'angoisse et la peur qui régnaient dans la pièce : à la fureur extérieure répondait un silence à couper au couteau, à l'intérieur. Parfois, des nerfs lâchaient et quelqu'un hurlait : « nous allons tous mourir. » Tous les autres, comme un seul homme, le faisaient taire, comme si dire tout haut ce que chacun redoutait allait modifier le cours de nos vies. Nous ne pouvions nous permettre d'exprimer notre panique même si nous la ressentions très fort, nous contrôler et rester soudés pour pouvoir résister étant un accord tacite. Nous savions tous que la fin de cette horreur que nous subissions n'était pas proche. L'espoir éphémère d'un arrêt des combats avait fondu comme neige au soleil depuis longtemps ; il était indispensable de garder la maîtrise de nous-mêmes. La singularité de notre situation où nous ne pouvions ni fuir, ni combattre la menace extérieure,

---

1 S. Freud, Considérations actuelles sur la guerre et sur la mort, in *Essais de psychanalyse*, PBP, Paris, 1981, p.39.

2 W.R. Bion, *Mémoires de guerre*, Juin 1917 - Janvier 1919, sous la direction de Francesca Bion, France, Ed. du Hublot, 1999, p. 105.

nous plaçait dans l'impuissance ; l'unique réaction adéquate était de nous cacher, avec une trilogie d'émotions qui nous quittait rarement : l'angoisse, la peur et l'effroi. L'angoisse, caractérisée par l'attente du danger et nous mettant de par notre incapacité à réagir dans une situation de détresse non seulement matérielle mais psychique, les dangers réel et pulsionnel étant liés ; la peur des francs-tireurs quand nous avions à nous déplacer ; l'effroi, en réaction à un danger « surprise » : l'explosion de voitures piégées, la reprise inattendue des bombardements.

Sachant que c'est l'effroi qui génère la névrose traumatique, peut-on envisager que des traumatismes de guerre soient le facteur déterminant dans le déclenchement d'une névrose ? Question non élucidée par Freud : « la névrose infantile se manifeste quelquefois pendant un temps assez court ou peut même passer inaperçue. La névrose ultérieure a, en tout cas, son prologue dans l'enfance. Il est possible que ce qu'on appelle névroses traumatiques (…) constituent une exception, toutefois leurs relations avec le facteur infantile se sont jusqu'ici soustraites à nos investigations. » [3] Pour A. Potamianou, par le biais des « vœux anciens ressentis alors par tout un chacun (durant la guerre) comme s'ils se réalisaient, et à cause de la culpabilité qu'ils suscitent, le registre de l'histoire et du sexuel ne manquent pas toujours à s'insérer dans le vécu traumatique. (…) Ce point de vue nous permet de penser des connexions possibles entre les sensations et les perceptions traumatisantes de l'actuel et les expériences anciennes, en référant ces perceptions à un contexte historique et à des circonstances affectives spécifiques. »[4]

Quelles que soient les explications métapsychologiques de nos affects et de leur devenir, notre vocabulaire d'alors se réduisait à « j'ai peur », « qu'allons-nous faire ? », « ils se sont tus » …
Lorsque l'orage des bombes se calmait, nous étions heureux de croiser le regard des

---

3 S. Freud, *Abrégé de psychanalyse*, Paris, PUF, 1992, p. 54.
4 A. Potamianou, *Le Traumatique. Répétition et élaboration*, Paris, Dunod, 2001, p.5.

autres. Les langues se déliaient, les corps se mettaient en mouvement, qui pour fumer une cigarette, qui pour boire de l'eau ou une boisson alcoolisée, parfois à même la bouteille. (La consommation de cigarettes et d'alcool était très importante dans l'abri, celle des tranquillisant, moindre.) Les enfants étaient eux - aussi libérés : ils recommençaient à courir dans tous les sens, avaient faim, voulaient faire pipi… Grand dilemme : oserions-nous les conduire aux étages où se trouvaient les toilettes ? Et si les bombardements reprenaient ? Décidant que les artilleurs se reposaient, nous prenions un risque calculé : un adulte courageux et un enfant piquaient un sprint vite, vite, vite. A tour de rôle, tous passaient, les adultes aussi. Au retour, essoufflement général et un grand sourire de soulagement. De fierté aussi. Nous avions défié l'ennemi.

Lorsque l'accalmie se prolongeait, les hommes vérifiaient l'état des appartements, constataient les dégâts ; les femmes se ruaient vers les cuisines pour préparer des collations. C'étaient aussi des moments pour donner un bain rapide aux jeunes enfants ou pour faire une petite lessive. Un répit que chacun utilisait selon ses besoins.

Le besoin de certains - de plus en plus nombreux dans le pays - était de ne plus bouger de l'abri. Ils y avaient élu domicile. Impossible de les déloger de leur « couveuse », le dehors leur paraissant trop dangereux. La graine de la crainte de l'effondrement se mit à se développer, en silence, chez les plus fragiles d'entre eux ; sa manifestation bruyante, avec agoraphobie et attaques de panique, n'apparut qu'ultérieurement.

L'enclave - abri, symboliquement « objet mère-sein », était de ce fait très chargée affectivement. Bon sein protecteur et rassurant lorsqu'on s'y « lovait » au cours des combats ; mauvais sein persécuteur lorsque même dans ses entrailles, la mort semblait possible. Oscillation de sentiments opposés à l'égard de cette enclave, à la fois aimée et haïe. Abri fragile, indispensable et précaire à la fois. Les squatters de ce lieu ne manquaient pas en effet de passer de la relative sérénité à des angoisses persécutoires puis à la dépression. Grande satisfaction lorsque la foudre les épargnait, détresse lorsque les murs tremblaient sous l'impact des obus et faisaient craindre le pire. A ces moments, chacun, insécurisé, détestait l'abri, comme l'enfant qui ne veut plus d'une mère qui n'assure plus sa protection. Cependant, une fois le calme revenu, les services qu'il avait rendus resurgissaient dans les mémoires ; c'était le temps de la « réparation. »

Par rapport aux agresseurs de l'extérieur, j'ai pu observer, comme le décrivent les travaux d'E. Jaque relatifs aux « systèmes sociaux en tant que défense contre l'anxiété »[5], comment, en temps de guerre, le groupe utilise des défenses contre l'anxiété paranoïde en déposant ses mauvais objets et ses pulsions sadiques dans le psychisme de l'ennemi extérieur, projetant sur ses propres combattants ses pulsions hostiles, pour les détourner ensuite contre l'ennemi. Comme la peur est accréditée par une réalité objective, la persécution fantasmatique semble très réduite, la réalité venant supporter les mécanismes projectifs. Concernant l'anxiété dépressive, selon Jaque, les haines inconscientes et les pulsions agressives pouvant être « rationalisées » par la noblesse de la cause - défendre son pays, sa vie - la culpabilité et la dépression sont proprement évitées pour les acteurs de la guerre. A mon avis, cette dernière affirmation n'est vraie que dans le feu de l'action. Une fois sortis de leur « logique de guerre » où tout était permis, même l'innommable, beaucoup de combattants présentèrent de sérieux troubles psychologiques où la culpabilité occupait une place centrale. Des cauchemars où ils revoyaient les atrocités qu'ils avaient commises les hantaient, nuit après nuit. Certains n'osaient même plus s'endormir pour échapper à eux-mêmes. Peut-on, dans ces cas-là, semer une culpabilité qui colle à vous comme votre ombre ?

Par ailleurs, du point de vue groupal, il était possible d'observer ce que Bion a qualifié d' « hypothèses de base » liées à la « valence », c'est-à-dire à toute la sphère affective qui entoure le niveau rationnel : la dépendance par rapport à un leader, celui-ci variant selon les circonstances et les tâches, était nettement perceptible lorsqu'il s'agissait de prendre des décisions relatives à la sécurité du groupe ; le

---

5 E. Jacque, in A.Lévy, *Psychologie sociale, Textes fondamentaux anglais et américains*, Paris, Dunod, 1965, pp. 546-565.

couplage se concrétisait par des rapprochements entre des familles ou des individus ; concernant l'attaque - fuite, plus facilement repérable, le groupe se soudait pour lutter contre le danger (les bombes) ou contre de nouveaux « locataires », absents lors de la première constitution du groupe « abri. » Ces trois schèmes, organisateurs du comportement du groupe, alternaient les unes avec les autres.

Et comme dans tout groupe, le nouveau était difficilement intégré, sauf si sa présence apportait du réconfort (des contacts avec des miliciens qui pourraient soulager le quotidien, assurer le ravitaillement par exemple) ; le battu d'avance - « nous allons tous périr » - était réduit au silence ainsi que celui qui ne se nourrissait que de mauvaises nouvelles. Par contre, celui qui encourageait et dynamisait les autres était apprécié, même si son optimisme paraissait déplacé. On voulait le croire. Les pulsions de vie ne demandaient qu'à se manifester : les anniversaires des enfants étaient célébrés avec les moyens de bord : une bougie plantée dans une tomate qui faisait office de gâteau, quelques petits cadeaux repêchés au fond des tiroirs, … Ils étaient heureux, les enfants ; tous les présents aussi. Nous faisions la fête. Une fois, au nouvel an, suite à une journée plutôt calme, nous décidâmes de dresser une jolie table, dans un appartement du second étage. Au moment des douze coups de minuit, les artilleurs se déchaînèrent. A la queue leu leu, au pas de course, nous rejoignîmes l'abri, certains légèrement éméchés.

Nous n'étions pas toujours tristes dans l'abri. Lorsque le sourd grondement des combats indiquait qu'ils se déroulaient au loin, certains jouaient aux cartes, au scrabble, au tric-trac ; d'autres plongeaient dans des romans à l'eau de rose ou feuilletaient des revues de cuisine et de mode, surtout les femmes qui y choisissaient les plats qu'elles mijoteraient, les tenues qu'elles achèteraient, la guerre terminée. Les enfants avaient plus d'espace pour dépenser leur énergie, ils avaient l'autorisation de courir dans les escaliers, ce qu'ils ne manquaient pas de faire en poussant des cris de sioux. A ces moments, nous tolérions leur bruit, eux à qui nous demandions le calme durant les bombardements.

La crainte des séparations

Envisager la mort d'un des siens durant cette guerre, imaginer la détresse des survivants, étaient des idées intolérables dont nous devions pourtant admettre l'éventualité ; les gens tombaient comme des mouches, livrés aux bons soins des artilleurs, des francs-tireurs et des artificiers qui concoctaient les puissants explosifs des voitures piégées. Un jour, ce serait notre tour. Comme l'écrivait Freud, avec la guerre, « la mort ne se laisse plus dénier ; on est forcé de croire en elle »,[6]même si dans l'inconscient, chacun de nous est persuadé de son immortalité. Consciemment, nous ne nous sentions nullement immortels et à l'instar de tous ceux qui subissaient cette orgie de violence et d'agressivité, nous commencions à ressentir très fort la peur de mourir, si peur qu'au fil du temps, nous modifiâmes certains comportements : celle qui, certains jours, à l'aube, lorsque les artilleurs sommeillaient, faisait une dizaine de km en voiture pour arroser les plantes de son appartement qu'elle avait dû quitter pour des raisons de sécurité - voulant préserver la vie coûte que coûte -, n'osait plus bouger même si un cessez le feu était proclamé ; celui qui faisait régulièrement le tour des parents et amis pour se rassurer sur leur état de santé, sortait plus rarement. Nos ressources psychiques s'épuisaient surtout que l'ordre d'arrêt des combats n'était jamais respecté. Que de fois, durant ces quinze années, au moment où nous vaquions à nos occupations quotidiennes, les bombes ont recommencé à pleuvoir. Que de fois, les voitures piégées ont transformé en bouillie humaine des dizaines de personnes innocentes. La mort pouvait nous faucher n'importe où, n'importe quand, même lors d'une accalmie.

Le spectre d'une séparation brutale avec les personnes qu'on aimait était toujours présent. Le matin, lorsque les adultes se rendaient à leur travail et les enfants à l'école - lors des cessez-le-feu prolongés, toutes les activités reprenaient - , nul ne savait s'il allait revoir les êtres aimés. L'angoisse se lisait sur les visages mais il fallait mener un semblant de vie normale. Maintes fois, la reprise des bombardements nous a surpris

---

6 S. Freud, Considérations actuelles sur la guerre et sur la mort, in *Essais de psychanalyse*, PBP, Paris, 1981, p. 29.

au travail ou pire, dans la rue. Etre en voiture sur l'autoroute, les projectiles sifflant de toutes parts, quoi de plus effrayant ! Où se cacher ? La seule solution consistait à tenter de garder son sang froid, à contrôler vaille que vaille la danse de Saint-Guy des pieds sur les pédales et à foncer, dégoulinant d'angoisse. Objectif rêvé : arriver chez soi. Pas toujours possible. S'abriter alors n'importe où en attendant que le déluge de feu cesse. Avec toujours en pensée les autres. Où sont-ils ? Que font-ils ? Pas de téléphone pour être rassuré ; rien que l'inquiétude, la peur.

Les reprises imprévisibles des combats donnèrent lieu à des situations parfois cocasses. Je me suis retrouvée à deux reprises dans le même abri avec une patiente : la première fois, nous avons été surprises par une avalanche d'obus lors d'une séance. Direction l'abri. Situation difficile pour nous deux, peut-être davantage pour moi, subitement déshabillée de ma peau d'analyste calme et sereine. Heureusement, c'était juste ce qu'on appelait une « bavure » et le bombardement cessa assez vite. La chance ne me fut pas favorable la deuxième fois : plusieurs jours dans un autre abri avec une patiente - (nous habitions cette année-là le même quartier) - et nos familles respectives. Le cadre analytique ne pouvait résister aux assauts guerriers. Néanmoins, nous essayions toutes les deux de maintenir une certaine neutralité mais l'environnement ne nous aidait guère : sa mère, qui avait eu la présence d'esprit d'emporter quelques vivres, tenait à les partager avec nous ; son père, plus jeune que le mien, s'occupait de lui trouver un siège… ; une voisine qui me connaissait bien, racontait de petites histoires me concernant… Un cauchemar ! Plus tard, nous reprîmes les séances après avoir longuement discuté de l'opportunité de les interrompre. Décision fut prise de les poursuivre, nullement orthodoxe, je l'admets, mais que je ne regrette pas aujourd'hui. Nous avons pu toutes les deux reconstruire aussi bien un cadre externe qu'interne et la suite du travail analytique se déroula sans encombre, avec des résultats satisfaisants pour la patiente.

Les « enclavés du feu »

A ce régime-là durant plus d'une décennie, pouvait-on échapper à un ébranlement de l'équilibre psychique et psychosomatique ? A la perte de personnes chères s'ajoutait l'anéantissement de toute une vie de travail : maisons, usines, magasins, tous démolis, brûlés, pillés. Nombreux étaient ceux qui avaient tout perdu. Comme des châteaux de cartes, tout s'écroulait. Les assises psychologiques et physiques pouvaient-elles supporter autant d'agressions ? Certains y ont laissé leur peau en développant des maladies cardio-vasculaires, des cancers … ; d'autres, confrontés à des perturbations psychiques s'adonnèrent à différents médicaments sans prescription médicale, devenant phrarmacodépendants. Nul n'avait pensé mettre en place des cellules d'assistance psychologique fixes ou itinérantes pour soutenir la population. Elles auraient pu être très utiles lors des cessez-le-feu prolongés mais probablement inefficaces lors des bombardements étalés sur plusieurs semaines, tout déplacement présentant d'énormes risques. Les pharmacies des quartiers ne désemplissaient donc pas de clients à l'affût de tranquillisants, de somnifères, d'antidépresseurs, tous en vente libre, la législation concernant ces médicaments n'ayant été modifiée que très récemment. Les troubles psychologiques se manifestèrent plus particulièrement lorsque la guerre cessa, lorsque les « enclavés du feu » s'autorisèrent à « lâcher prise » et s'éparpillèrent à cause de la reprise de la vie ordinaire. J'appelle « enclavés du feu » les groupes qui s'étaient formés spontanément, par la force des choses, dans les abris. Un rassemblement artificiel, les gens vivant ensemble sans s'être choisis, dans la durée. Ce qui m'intéresse ici est que lorsque la fin des combats rompit inévitablement la cohésion et la solidarité du groupe, chacun devant vaquer à ses occupations, lorsque le groupe cessa effectivement d'exister, que les « membres d'un même corps » devinrent des « individus », des éléments dépressifs apparurent chez certains. Il est bien évident que le deuil du groupe à accomplir (ils avaient vécu ensemble des moments de grande intensité : peurs, peines, joies et espoir aussi), bien qu'important, était peu de chose face à la réalité sordide qui les attendait à la sortie définitive de l'abri - mère. La perte d'êtres chers, des idéaux, l'émigration massive de proches, la crise économique, l'avenir incertain, autant de facteurs qui contribuèrent directement à déstabiliser l'organisation psychique et somatique de beaucoup de personnes.

Il existait pourtant des bienheureux qui affirmaient haut et fort qu'ils n'en gardaient aucune séquelle. Protégés par les dieux ! Parmi eux, ceux qui à la première rumeur de reprise des combats avaient les moyens de quitter le pays, ceux qui avaient choisi de vivre à l'étranger durant quelques années (on les appelait les réfugiés de luxe) et ceux qui avaient un pied à terre dans certains villages huppés, très loin des zones de combat. Tous les soirs, réunis autour d'un verre, ils regardaient avec des jumelles les régions bombardées en pensant aux pauvres bougres qui s'y trouvaient. Lorsqu'ils nous revoyaient, ils nous disaient à quel point ils s'étaient inquiétés pour nous !

Vignette clinique

Rébecca, personne cultivée, active professionnellement au prix de grands efforts. Agoraphobe craignant par moments l'effondrement.

« Depuis quelques jours, un tableau s'impose à moi. Volé à des réalisateurs de film ? Plagiat ? Et pourtant il représente mon monde interne : Le désert, une étendue sans limites, le sable ocre presque blanc sous un soleil de plomb. Seule dans cette immensité, j'avance péniblement, pieds nus, vêtue d'habits amples, couleur sable. Une tempête : le sirocco. Les yeux me brûlent, tout mon corps tangue comme un bateau ivre. Je titube de fatigue. Autour de moi, rien que le désert, à perte de vue. J'avance toujours.

Un cauchemar a lacéré ce tableau. C'est vrai qu'il n'était pas beau : la tempête, la solitude, une étendue sans fin, l'absence de repères, … mais il était vivant et j'y étais libre. Mon cauchemar : encadrée de deux personnes qui me serrent de très près, - je nous vois de dos -, je suis ramenée vers ce que je sais être une prison. Tout autour, personne ; c'est la même étendue désertique que celle du tableau. Je ne peux me dégager de ces geôliers qui me tiennent fermement. Est-ce que je m'étais fait la belle ? Avais-je voulu prolonger une « perm' » comme le disent les taulards ?

J'ai fait un autre cauchemar la nuit dernière : il s'agissait d'un grand hall totalement vide, de couleur sable, identique aux teintes du tableau. Apparaissait alors une femme qui se dirigeait vers la porte. Au moment de la franchir, elle s'écroulait, touchée d'une balle dans le dos.

A chaque fois, réveil en sursaut, angoisse. J'ai toujours pensé que les mots étaient parfois impuissants à exprimer un état émotionnel. Angoisse ! La mienne me renvoie à Apollinaire qui écrivait « la maison des morts l'encadrait comme un cloître. »

Tout bascula progressivement pour moi après la guerre que je vécus dans une totale insécurité, ma famille se trouvant à l'étranger, et moi ballottée d'un lieu à l'autre, selon les circonstances. Depuis, je ne me reconnais plus : dominée par mes peurs, je me replie dans une carapace de protection qui à la fois me rassure et m'étouffe.

Elle est finalement bien particulière, ma coquille. Je peux en sortir, me promener un peu, goûter aux joies de la vie, et puis, je suis contrainte à y retourner, comme dans le tableau, comme dans le rêve. La sortie est une fête ; le retour, un enterrement. Une image : celle d'un enfant qui arrive à s'éloigner de sa mère, joue, saute, fait des galipettes et puis tout à coup apeuré, vient se cacher sous ses jupons. Terrifié de la perdre, de se perdre. Tout au long de ma vie, j'ai fait l'aller-retour à plusieurs reprises, je le réalise maintenant, au cours de mon analyse. Ces va-et-vient se faisaient en douceur, de manière subreptice, sans déranger le cours de ma vie. Aujourd'hui, j'ai des sueurs froides à l'idée de sortir. Souvent, hors de chez moi, je me sens mieux, comme si tout se passait à la lisière du dedans et du dehors, sur cette ligne de démarcation « porte », comme dans mon cauchemar. Parfois, à l'extérieur, je suis sujette à une attaque de panique que je tente de contrôler ; je ne réussis pas toujours. Comme si un danger me guettait, sans trop savoir lequel. Par contre, je sais ce dont j'ai besoin : de murs, d'espaces réduits et clos, d'abri, comme durant la guerre. J'ai surtout besoin de bras solides qui me tiennent fort pour m'empêcher de tomber. »

La psychanalyse a permis à cette patiente d'élaborer son histoire, pavée de traumatismes multiples : d'abord des parents dépressifs ayant particulièrement échoué dans leur fonction de pare-excitation. Tout enfant immature et dépendant a besoin d'une mère qui assure une fonction de moi auxiliaire, d'une mère « suffisamment bonne » pour le protéger des excitations excessives « par un travail de filtrage et de liaison et qui donne un sens » [7]à ce qui est vécu. « L'appareil psychique de la mère devrait assurer un rôle organisateur et suppléer à l'immaturité de l'enfant, tout en lui concédant une autonomie de plus en plus grande. »[8]. Lorsque cette fonction fait défaut, il est difficile à l'enfant d'investir ses limites corporelles et sa surface cutanée. L'insuffisance de la fonction de pare-excitation, associée au déficit d'autres fonctions importantes de l'environnement décrites par Winnicott – le maintien (holding), le maniement (handling) et la présentation d'objet (object - presenting) – avait livré Rébecca au danger permanent d'une possible effraction, à la crainte sous-jacente d'une rupture désorganisatrice. Ensuite, à l'âge de 3 ans, la mort de sa nourrice, affectivement fortement investie : elle venait de perdre sa mère de remplacement. Elle s'était alors davantage collée à sa mère, par besoin d'elle mais aussi pour réparer l'agressivité qu'elle ressentait à son égard, dans l'Œdipe. A l'adolescence, lors de ses premières règles, non informée, elle s'était crue atteinte d'une grave maladie. Elle n'avait pas osé parler de sa terreur à sa mère, pour la protéger. D'ailleurs, elle avait toujours senti qu'elle devait s'en occuper, en étant très gentille, pour ne pas la fâcher, pour la maintenir en vie. Ses aînés, un frère et une sœur, ainsi que son père, tenaient apparemment peu de place dans sa vie. L'important était que maman aille bien. Sa mère, partenaire de cette relation fusionnelle, lui rendait bien cet amour mais était incapable de lui insuffler la vie, elle-même étant

---

7 Ph. Jeammet, M. Reynaud, S. Consoli, *Psychologie médicale*, Paris, Ed. Masson, 1980, p. 126.
8 *Ibid.*, p. 119. Les auteurs reprennent le concept de « capacité de rêverie de la mère » de Bion.

dans la souffrance. Elle mourut lorsque Rébecca eut quinze ans, la livrant à un grand désarroi. Malgré l'immense vide qu'elle ressentait, Rébecca poursuivit courageusement ses études secondaires puis universitaires et s'engagea dans la vie professionnelle. Plus tard, elle entreprit une analyse durant presque trois ans. Le transfert positif, immédiat, fut d'emblée fulgurant ; la dépendance, absolue. Les choses se gâtèrent cependant durant les derniers mois de la seconde année et Rébecca cessa de faire des progrès en analyse. Tout en appréciant beaucoup son analyste, ses séances ne la nourrissaient plus comme avant : elle sentait que celle-ci avait l'esprit ailleurs quand elle lui parlait. Ailleurs ! Auprès des autres bébés, du père ? L'analyste lui demandait de répéter à plusieurs reprises la même chose, présentait différentes formes d'oubli, paraissait souvent souffrante… Tel était le vécu de Rébecca qui se mit à s'inquiéter pour elle, à craindre de la perdre, comme elle avait perdu sa nounou et sa mère. Elle qui avait fondé tant d'espoir dans cette entreprise analytique se sentait dégringoler. Elle ne manquait pas de communiquer ce qu'elle ressentait, mais rien ne changeait. C'est alors que la crainte de l'effondrement et les attaques de panique apparurent pour la première fois dans sa vie. « A la longue, la dépendance prend une position centrale, et les fautes et les échecs de l'analyste deviennent alors des causes directes de phobies localisées. Ainsi en va-t-il de l'éruption de la crainte de l'effondrement. »[9] Rébecca était brutalement plongée dans quelque chose qu'elle connaissait bien : la défaillance de l'environnement maternel mais aussi la perception d'une « mère sexuelle » occupée ailleurs. Le scénario se répétait. Les séances ultérieures durant lesquelles elle continuait d'exprimer son mal-être lui semblant résolument inefficaces, se voyant décliner dangereusement, elle interrompit son travail, d'un commun accord avec son analyste. Je la reçus quelques mois plus tard.

L'environnement extérieur, dangereux à cause de la guerre, conjugué à cette expérience analytique « défaillante », greffés aux différents traumatismes de sa vie,

---

[9] D.W. Winnicott, *La crainte de l'effondrement et autres situations cliniques*, France, Ed. Gallimard, 2000, p. 206.

eurent raison de sa résistance, altérant le mouvement même de son psychisme.

Des « angoisses impensables » dont elle essayait de parler en séances suggèrent le caractère d'immense détresse dans laquelle elle se trouvait et qui mettait en danger sa survie psychique. Elle était dans l'incapacité de mettre des mots ou de se représenter ce qui l'angoissait. Elle ne parvenait ni à fantasmer ni à se souvenir de ses rêves. Parfois, elle me disait qu'elle se sentait pauvre, totalement démunie. Pendant les arrêts de l'analyse, lors des vacances, elle était submergée par l'angoisse, ne pouvant supporter la séparation. L'organisation défensive qu'elle mettait en place durant son enfance et son adolescence et qui consistait à s'extraire de l'environnement familial, notamment par le biais de la lecture, n'étant plus efficace dans cette phase de sa vie, elle se trouvait dans une grande détresse, se sentant totalement impuissante face à ses « démons intérieurs », comme elle les appelait. Parfois, prise de vertige, elle craignait l'effondrement physique. Très courageuse et souhaitant très fort s'en sortir, elle mit toutes ses ressources en œuvre pour poursuivre sa lutte contre « ses fantômes internes. »

Accompagner Rébecca dans les résurgences de son infantile traumatique me permit de constater qu'elle fonctionnait en identification projective massive et qu'elle utilisait des défenses de type autistique. Il me semblait aussi que l'effondrement qu'elle craignait avait déjà eu lieu et que c'était la crainte de cette agonie originelle qui avait causé l'organisation défensive qu'elle manifestait dans ses troubles. Il me fallait l'aider à trouver puis à « éprouver » dans l'analyse, l'expérience originelle de l'agonie primitive ; « l'épreuve initiale de l'angoisse disséquante primitive ne peut se mettre au passé si le moi n'a pu d'abord la recueillir dans l'expérience temporelle de son propre présent, et sous le contrôle omnipotent actuel (qui prend la fonction de soutien du moi auxiliaire de la mère [l'analyste]) »[10]. Je me permis de dire à Rébecca que ce qu'elle redoutait avait eu lieu durant sa prime enfance et que ce

_____

10 *Ibid.*, p. 210.

qu'elle avait vécu dans son analyse précédente était une répétition des défaillances et des erreurs de sa propre mère à son égard. Lors de notre travail, se manifestèrent bien entendu le même type de transfert, les mêmes angoisses. Particulièrement vigilante et ayant toujours à l'esprit son histoire et sa première expérience analytique, je ne manquais pas d'analyser avec elle ce qu'elle me reprochait, à savoir mes défaillances. « Le patient peut se débrouiller avec ces erreurs, quand elles sont à dose raisonnable ; quant à chaque faille technique, le patient peut la mettre au compte du contre-transfert. »[11].

L'angoisse de séparation était particulièrement intense. Sa dépendance fondamentale à mon égard était telle qu'il me semblait qu'elle ne pouvait concevoir son intégrité sans moi. Emprisonnée dans ses douloureux cauchemars, Rébecca vivait l'absence comme rupture, comme cassure : sentiment de perte à la base de ses états de détresse. Progressivement, elle commença à réagir à la séparation de manière différente. Aux silencieux déchirements des fins de séances, lors de la première année d'analyse, succédèrent des séparations moins éprouvantes, puis des « à bientôt » d'un ton plus léger. L'équation séparation - perte - détresse, put avec le temps, être remplacée par une autre : séparation - tristesse - promesse de nous revoir. L'objet analyste que j'étais ne « disparaissait » plus lorsque je n'étais plus dans son champ visuel, et donc affectif, mais se trouvait intériorisé, comme un bon objet interne. D'autres changements eurent lieu parallèlement, dont une capacité de plus en plus grande de distinguer son propre moi d'avec ses identifications à une mère interne « morte », et la réduction des attaques de ses mauvais objets. En perdant progressivement ses protections autistiques, elle vécut une période de vulnérabilité physique, développant des troubles somatiques heureusement circonscrits dans le temps, incontournables semble-t-il durant cette phase.

Je ne développerai pas davantage les suites de ce travail éprouvant et de longue haleine pour nous deux, ne voulant déborder les limites de cet article. Je profiterai néanmoins de cette présentation succincte de l'analyse de Rébecca pour aborder la

---

11 *Ibid.*, p. 210.

question des enclaves autistiques et leur rapport avec le trauma.

Selon Jean Bergeret, « le patient état-limite a subi, enfant, un traumatisme réel dont les effets ont été désorganisants. (…) L'événement est traumatisant du fait d'une excitation survenant dans un état du moi tel qu'il ne pouvait pas être intégré. Dans cette perspective, le traumatisme n'est pas fantasmatique, mais réel. Ce traumatisme affectif désorganisant a empêché l'accès à l'Œdipe »[12] et va susciter un aménagement défensif – « une pseudo-latence prolongée » – pour limiter les effets désorganisateurs du traumatisme précoce. Pour Bernard Brusset, le traumatisme serait à chercher surtout du côté « des avatars de la relation mère-enfant. Tout semble s'être passé comme si la mère n'avait pas attribué à l'enfant une individualité propre, déniant sa sexualité aussi bien que sa différence d'avec elle : rejet, appropriation, intrusion par la mère seraient à la source des angoisses d'abandon, de vide, d'effraction. »[13] Brusset insiste sur l'importance à accorder aux projections et élaborations du sujet face à ces vécus précoces et sur leur effet après-coup dans l'organisation pulsionnelle et la constitution de soi et des objets internes.

Rébecca fait partie de ces névrosés qui manifestent au cours de la cure analytique des modes de fonctionnement de type psychotique. Plus précisément, on peut parler chez elle d'une partie clivée de sa personnalité au moyen de défenses autistiques. Enfermée dans un claustrum (Meltzer), cette partie de la vie psychique de Rébecca fonctionnait de façon autonome et non accessible à la relation transférentielle. Chez de tels patients, écrit Tustin, « un développement relativement normal s'est enroulé autour d'un « trou noir » de dépression psychotique clivé. »[14] Paralysés et comme au bord de la mort, ils essaient de réagir à ce mortel arrêt de leur « persistance dans leur être. »

A l'origine, avec la naissance - prototype de toutes les situations de danger -,

---

12 B. Brusset, C. Chabert, F. Brelet-Foulard, *Névroses et fonctionnements limites*, Paris, Dunod, 1999, p.24.

13 *Ibid.*, p. 46.

14 F. Tustin, *Autisme et protection*, Paris, Ed. du Seuil, 1990, p. 106.

Rébecca vit sa première expérience d'angoisse ; suit un vécu catastrophique de Grande Chute lors de la prise de conscience traumatisante de la séparation corporelle d'avec sa mère, après l'état de bienheureuse unité avec elle et avant que « le noyau du moi » ne se soit développé, c'est-à-dire « avant que la mère donnant le sein - et tout ce que cela implique - ait été solidement intégrée en tant qu'expérience psychique interne, et avant qu'un sentiment sécurisant de sa propre « persistance dans son être » ait pu se développer chez le nourrisson. »[15]

Double trauma provoquant les réactions autistiques d'enfermement et de blocage, trauma qui tend à être répété « dans des situations ultérieures de la vie où les grandes espérances qu'on avait échafaudées s'écroulent de fond en comble au contact de la réalité »[16]. Rappelons que la guerre avait, outre son cortège de traumatismes, réduit à néant les nombreux projets de vie de Rébecca, et sa malheureuse expérience analytique, détruit ses espoirs de mieux-être, réactivant ainsi l'expérience de la désillusion dévastatrice de l'enfance. Se présente alors à nous le processus suivant, construit en partie à partir de la mère déprimée et « absent-minded ». Double trauma, « originaire » et « originel »[17] – constitution d'une enclave et de défenses autistiques masquées – perte de la nourrice (trauma) – repli dans les livres – mort de la mère (trauma) – succession de traumatismes liés à la guerre – répétition du trauma « originaire » pendant la première analyse – résurgence en force de l'infantile (Guignard) traumatique : l'enclave autistique devenue apparente et active explose alors avec force donnant libre accès à la névrose phobique, l'agoraphobie.

Rébecca reconstitue en cours d'analyse le processus à l'origine de sa phobie. Après avoir découvert que sa mère n'est pas elle, elle tente éperdument, dans un mouvement d'identification projective, de rattraper l'objet perdu. Illusion à laquelle elle doit

---

15 F. Tustin, *Le trou noir de la psyché. Barrières autistiques chez les névrosés*, Paris, Ed. du Seuil, Coll. « La couleur des idées », 1989, p. 24.
16 *Ibid.*, p.26.
17 Trauma « originel », selon l'acception de Winnicott, correspondant à « l'agonie primitive ».

renoncer. Elle essaie alors de s'identifier à cette mère « différente », « étrangère », « sexuelle », mais elle est très vite rattrapée par les avatars de la découverte de cette nouvelle mère. Refusant la différenciation et l'excitation sexuelle due à ses propres pulsions, elle se réfugie finalement dans un retrait phobique.

« L'agoraphobe impose à son moi une limitation afin d'échapper à un danger pulsionnel » écrit Freud en 1926 ; il ajoute « le moi ne se borne pas à renoncer à quelque chose ; pour ôter à la situation son caractère dangereux, il fait davantage ; en effet, il se livre, en plus, à une régression temporelle vers l'enfance (…) et ce supplément à la renonciation apparaît comme la condition à laquelle on peut s'épargner la renonciation elle-même. Ainsi, l'agoraphobe peut aller dans la rue s'il est accompagné, comme un petit enfant, par une personne en qui il a confiance. »[18]
Peut-on dire que le compagnon contra - phobique rassure la partie « malade », « enclavée », « autistique » du sujet ? L'on sait que ce compagnon ne peut être n'importe quelle personne. Il doit être fortement investi par le phobique et posséder à ses yeux les attributs d'une « bonne mère », comme le serait l'analyste, qui, grâce à la relation établie avec son patient, renforcerait la partie saine et tenterait de réduire les attaques des mauvais objets, internes et externes. La peur de « sortir » dans certaines formes d'agoraphobie serait alors étroitement liée à celle de faire une brèche dans la « barrière autistique » vécue comme protectrice. Barrière avec le monde extérieur, construite lorsque « enfants particulièrement sensibles, ils ont eu le sentiment, pour diverses raisons, que la mère nourricière de leur enfance repoussait leurs avances. Ce qui a provoqué chez eux le supplice de la prise de conscience de la séparation entre eux et cette mère qui était la première représentante du monde extérieur. Leur réaction a été d'éviter toute répétition ultérieure de cette prise de conscience. »[19] Dans l'analyse, et après un long temps, le patient, rassuré par la solidité de l'alliance thérapeutique et à ses doutes concernant l'analyste, peut lentement ouvrir sa capsule

18 S. Freud, *Inhibition, symptôme et angoisse*, Paris, PUF, 1981, pp. 50-51.
19 F. Tustin, *Le trou noir de la psyché. Barrières autistiques chez les névrosés*, Paris, Ed. du Seuil, Coll. « La couleur des idées », 1989, p. 238.

autistique, en s'y prenant à plusieurs fois certes, les retraites, comme le dit Tustin, pouvant offrir « un temps de repos utile jusqu'au moment où l'individu est assez fort pour réussir le bon saut.[20]» Une fois la porte entr'ouverte, ils peuvent exprimer à travers le transfert infantile leur sentiment de perte traumatique. Phase délicate dans l'analyse où la prudence est de rigueur, les patients ressentant des vagues de désespoir lorsqu'ils rencontrent « la part de leur personnalité qui a été un postiche creux. »[21] Derrière la capsule autistique, se trouvent des pleurs et un cœur brisé, souffrance que l'analyste doit se préparer à supporter. Plus tard, il faudra, lorsque le moment sera venu, pousser fermement ces patients « à s'engager dans une communication coopérative et réciproque avec les autres êtres vivants. Si nous voulons pouvoir les aider avec compassion à opérer ce passage de l'autisme[22] à la réciprocité, il nous faut être en contact avec les peines et les terreurs qui se sont emparées d'eux et les ont enfermés dans les limites de leur peau. »[23] Si nous voulons les aider à sortir de leur claustrum, nous devons espérer de la cure analytique « qu'elle parvienne à modifier suffisamment les relations qu'entretient le Moi avec ses objets internes pour que celles-ci procure un gain de bonheur à l'analysant »[24] écrit F. Guignard ; nous devons aussi espérer lever les barrières bloquant la sortie vers le monde des relations d'objet et des liens émotionnels.

Conclusion

Au terme d'un article « notre relation à la mort »[25], Freud rappelle un vieil adage : « Si vis pacem, para bellum. Si tu veux maintenir la paix, arme-toi pour la

---

20 *Ibid.*, p. 235.
21 *Ibid.*, p. 235.
22 Dans ce passage, lorsque F. Tustin parle d'autisme, elle y inclut les « barrières autistiques chez les névrosés. »
23 F. Tustin, *Autisme et protection*, Paris, Ed. du Seuil, 1990, pp. 253-254.
24 F. Guignard, *Epître à l'objet*, Paris, PUF, 1997, p. 173.
25 S. Freud, *Essais de Psychanalyse*, Paris, PBP, 1981, p.40.

guerre. Il serait d'actualité de le modifier, ajoute-t-il : Si vis vitam, para mortem. Si tu veux supporter la vie, organise-toi pour la mort. »

Révisé ou entendu tel quel, ce vieil adage ne peut que nous interpeller.

Tant qu'il y aura des hommes, il y aura des guerres, des souffrances, la mort. Les événements historiques passés et actuels nous en donnent de multiples illustrations. Pour l'avoir subie, en avoir été les témoins impuissants ou l'avoir exercée, nul ne peut être épargné par la violence de la guerre. Il existe néanmoins des personnes moins vulnérables au trauma que d'autres. Leur psychisme a une capacité – la résilience – [26] « à supporter un événement potentiellement traumatisant sans le vivre comme un trauma, ou du moins à gérer son trauma sans développer de séquelles psychotraumatiques. »[27]. A. Potamianou se référant aux travaux de H. Krystal - selon lesquels la différence individuelle face aux expériences angoissantes dépendrait de l'utilisation par l'organisation psychique de lignes de contre-investissements suffisamment bien établies - explique la différence d'impact des facteurs traumatisants sur le fonctionnement mental des chaque individu en évoquant « une libido qui ne se qualifie pas par son blocage sur l'événement traumatique. (…) L'intensité d'un traumatisme suppose une évaluation des liens entre les facteurs externes et les potentialités internes. Trop souvent, le refoulement est absolument incapable de fournir des solutions apaisantes et ce sont d'autres défenses, tels le clivage ou le déni, qui se constituent en guise de contre-investissements. » [28]

Tant qu'il y aura la vie, il y aura des traumatismes. Qu'ils soient dus à des facteurs externes, internes ou associant les deux, ils laisseront des stigmates, immanquablement.

---

26 A. C. Mac Farlane, « Resilience, vulnerability and the course of post-traumatic reactions », in B. Van der Kolk, A.C. Mac Farlane, L. Weisaeth ed., *Traumatic Stress. The effects of Overewhelming Experience on Mind, Body and Society*, New York, Guilford Press, III, 8, 1996, pp. 155-181.
Consulter aussi A. Hanus, *La résilience. A quel prix ? Survivre et rebondir*, Paris, Editions Maloine, 2001.
27 L. Crocq, *les traumatismes psychiques de guerre*, Paris, Ed. Odile Jacob, 1999, p. 199.
28 A. Potamianou, *Le Traumatique. Répétition et élaboration*, Paris, Dunod, 2001, p. 9.

« La mort n'est pas une chose que nous aurions frôlée, côtoyée, dont nous aurions réchappé, comme d'un accident dont on serait sorti indemne. Nous l'avons vécue... Nous ne sommes pas des rescapés, mais des revenants... Rien ne m'était encore acquis. Ce livre que j'avais mis près de vingt ans à pouvoir écrire, s'évanouissait à nouveau, à peine terminé... tâche interminable, sans doute, que la transcription de l'expérience de la mort. »

    Jorge SEMPRUN

Références bibliographiques

- Bion W.R., Mémoires de guerre, Juin 1917 - Janvier 1919, sous la direction de Francesca Bion, France, Ed. du Hublot, 1999.

- Chabert C., Brusset B., Brelet-Foulard F., Névroses et fonctionnements limites, Paris, Dunod, 1999.

- Crocq L., les traumatismes psychiques de guerre, Paris, Ed. Odile Jacob, 1999.

- Freud S., Inhibition, symptôme et angoisse, Paris, PUF, 1981.

- Freud S., Abrégé de psychanalyse, Paris, PUF, 1992.

- Freud S., Considérations actuelles sur la guerre et sur la mort, in Essais de psychanalyse, PBP, Paris, 1981.

- Guignard F., Epître à l'objet, Paris, PUF, 1997.

- Jaque E., in A.Lévy, Psychologie sociale, Textes fondamentaux anglais et américains, Paris, Dunod, 1965.

- Hanus A., La résilience. A quel prix ? Survivre et rebondir, Paris, Editions Maloine, 2001.

- Jeammet Ph., Reynaud M., Consoli S., Psychologie médicale, Paris, Ed. Masson, 1980.

- Mac Farlane, A.C., « Resilience, vulnerability and the course of post-traumatic reactions », in B. Van der Kolk, A.C. Mac Farlane, L. Weisaeth ed., Traumatic Stress. The effects of Overwhelming Experience on Mind, Body and Society, New York, Guilford Press, III, 8, 1996.

- Potamianou A., Le Traumatique. Répétition et élaboration, Paris, Dunod, 2001.

- Semprun J., L'écriture ou la vie, Paris, Gallimard, 1994.

- Tustin F., Autisme et protection, Paris, Ed. du Seuil, 1990

- Tustin F., Le trou noir de la psyché. Barrières autistiques chez les névrosés, Paris, Ed. du Seuil, Coll. « La couleur des idées », 1989.

- Winnicott D.W., La crainte de l'effondrement et autres situations cliniques, France, Ed. Gallimard, 2000.

CHAPITRE 4

LA MALTRAITANCE, UN MEURTRE D'ENFANTS.

« Je m'oppose à la violence parce qu'elle semble produire le bien, le bien qui en résulte n'est que transitoire, tandis que le mal produit est permanent »

GANDHI

« Il n'est pire aveugle que celui qui ne veut pas voir ; il n'est pire sourd que celui qui ne veut pas entendre » dit le proverbe. Parler de la maltraitance, c'est poser un acte : le refus d'être aveugle et sourd à la souffrance d'enfants, d'adolescents et d'adultes meurtris dans leur corps et dans leur psychisme, le refus de se rallier à ceux qui prônent la loi du silence, le refus de se laisser démoraliser par les difficultés, le refus de baisser les bras face à la détresse de nombreux enfants et adolescents victimes de sévices physiques et sexuels. La parole est libératrice, et peut-être la mienne à travers cet article ouvrira-t-elle la voie à celle, encore anesthésiée de celles ou ceux qui n'osent parler de leurs souffrances. Démarche très difficile mais ô combien importante pour sortir progressivement de l'enfermement psychique, une des conséquences majeures de la maltraitance!

Je traiterai dans ce texte de l'enfance maltraitée, des enfants qui ont un âge chronologique d'enfant mais aussi de ceux qui ont été des enfants et qui portent toujours sous leurs peaux d'adultes des plaies béantes causées par des sévices physiques et sexuels encourus durant leur enfance. Il me sera difficile de m'étendre sur toutes les formes de maltraitance, fléau qui atteint toutes les couches de la société et qui concerne tous les citoyens, tous les professionnels en relation avec des enfants. Je me contenterai de les évoquer. Je me centrerai sur l'abus sexuel qui a toujours existé et sous tous les cieux, réalité taboue mais dont on parle un peu plus aujourd'hui.

En chacun de nous, que nous ayons 30 ou 50 ans, persiste un enfant, enfant heureux qui ne fait pas d'histoires ou enfant malmené, mal aimé, blessé, meurtri, qui continue à crier sa souffrance empêchant l'adulte de vivre en paix. Ces enfants en détresse dans l'adulte, je les côtoie tous les jours dans mon travail de psychanalyste et nous essayons de panser des plaies toujours exsangues. Cela se passe, comme vous pouvez l'imaginer, dans beaucoup de douleur, mais cette douleur est libératrice, salvatrice. Elle est espoir d'un changement psychique, espoir d'un changement qualitatif de vie. Le terme maltraitance a été introduit en 1980. Il recouvre tout ce qui provoque l'aliénation et la souffrance du fait d'un autre. On parlait auparavant du « syndrome des enfants battus » (1962) où l'intégrité corporelle était seule en cause. L'expression « enfant maltraité » y ajoute la souffrance morale et psychologique. En 1990, une plus large part est attribuée à l'abus sexuel et aux violences institutionnelles.

La notion de maltraitance englobe d'une part les sévices, les agressions physiques ou brutalités plus ou moins graves exercés par un responsable de l'autorité sur un enfant (parents ou adultes en ayant la charge), d'autre part, les violences dites psychologiques ou morales telles que l'abandon, le rejet, les exigences excessives et inadaptées, le mépris, les comportements sadiques et pervers, sans oublier la cruauté mentale et les négligences lourdes : absences de soins ayant des conséquences graves sur le développement physique et psychologique du jeune, entraînant parfois des lésions physiques ou des troubles de l'état général.

Par conséquent, la question de la maltraitance pose celle du traumatisme : le traumatisme est un événement très intense qui se produit dans la vie d'un sujet incapable d'y répondre adéquatement ; c'est un afflux excessif d'excitations que le sujet ne peut maîtriser et élaborer psychiquement. La maltraitance pose aussi la question de l'atteinte à l'intégrité physique et psychique de la personne ; L'enfant victime de mauvais traitements est un enfant en danger, menacé de séquelles physiques et affectives, menacé de mort psychique et parfois de mort réelle.

La violence physique occasionne des lésions physiques graves : cécités, paralysies, traumatismes crâniens, fractures, mais aussi toute une gradation de sévices allant des gifles et des fessées à répétition aux coups, laissant sur le corps de l'enfant ecchymoses, hématomes, griffures, morsures, brûlures ; les organes génitaux battus ou brûlés de cigarette pour punir par où pèche l'énurétique, l'encoprétique, ne sont pas des situations exceptionnelles. A la douleur physique viennent se greffer chez l'enfant des troubles psychiques, somatiques, intellectuels et du comportement, que nul ne met en doute.

Les mauvais traitements psychologiques sont certes moins visibles mais tout aussi graves pour les enfants : comportements sadiques, manifestations de rejet, injonctions paradoxales à répétition, exigences disproportionnées par rapport à l'âge de l'enfant... Leur retentissement sur le développement peut être aussi sévère que les sévices corporels, ils occasionnent un retard du développement physique, intellectuel, psychologique et des troubles du comportement. Plus concrètement, ils entraînent la passivité, l'apathie ou au contraire l'agressivité. On remarque parfois une soumission excessive avec recherche de l'approbation et de l'affection, parfois des tentatives de séduction pour désarmer la violence ou une sur-adaptation à la maltraitance, une capacité d'anticiper les passages à l'acte des parents afin de les fuir ou de les détourner sur un autre. Parfois enfin, s'effectue un renversement des rôles : l'enfant assume la place de protecteur auprès des parents qu'il juge immatures. Enfin, les sévices physiques peuvent engendrer une tendance au masochisme : l'enfant recherche les coups et les provoque. Le revers de la médaille est un comportement sadique : l'enfant s'identifie à l'agresseur ; il se comporte comme un tyran à l'égard des plus faibles, brutalise ses camarades ou ses frères et soeurs.

L'abus sexuel désigne l'implication d'enfants et d'adolescents dépendants, immatures dans leur développement, dans des activités sexuelles dont ils ne comprennent pas pleinement le sens ou qui violent les tabous sociaux concernant les rôles familiaux.

L'abus sexuel suppose un dysfonctionnement à un triple niveau :

- le pouvoir exercé par un grand (fort) sur un petit (faible)

- la confiance accordée par un petit (dépendant) à un plus grand (protecteur)

- l'usage délinquant de la sexualité, c'est - à - dire l'atteinte au droit de propriété de tout individu sur son corps.

Différentes formes d'abus sexuel : exhibitionnisme et voyeurisme imposés à l'enfant dans une proximité corporelle excessive et érotisée, pédophilie, exploitation pornographique des enfants, attouchements sexuels, inceste, viol,   prostitution infantile.

Chez le jeune enfant et l'adolescent, lorsque l'abus sexuel est accompagné de violence, les séquelles sont visibles : des lésions génitales graves, des ecchymoses, des lacérations, des infections, des tentatives de strangulation qui nécessitent une hospitalisation d'urgence. Les sévices affectifs sont eux plus difficiles à évaluer : sentiment de culpabilité, angoisse, dépression, difficultés relationnelles et sexuelles à l'âge adulte... La clinique laisse apparaître une diversité de tableaux : une patiente, Alice, ayant subi des attouchements sexuels durant son enfance, continue à vivre une grande insécurité affective et un besoin intense de se sentir protégée ; pour elle, l'autre est encore un agresseur potentiel : « si mon mari me fait du mal, dit-elle souvent, adoptant une voix d'enfant, je viendrai me réfugier chez vous. » Certaines femmes abusées sexuellement, s'éloignent définitivement de l'homme comme partenaire sexuel et optent pour l'homosexualité. D'autres peuvent avoir des problèmes de frigidité. J'ai connu aussi une femme, victime d'abus sexuels durant son enfance, avec des conduites pédophiles, ce qui est assez exceptionnel : elle prenait plaisir à faire souffrir des enfants en les malmenant sexuellement jusqu'à ce qu'ils se mettent à hurler.

Tous les enfants n'en gardent cependant pas des traces aussi profondes et parfois indélébiles : la vulnérabilité, l'âge de l'enfant, la répétition et le type d'abus fondent la gravité du traumatisme. Cependant, les spécialistes s'accordent à reconnaître que l'enfant victime d'abus sexuels court le risque d'une psychopathologie grave qui pourrait perturber son évolution psychologique, affective et sexuelle.

L'inceste Le mythe d'Oedipe apparaît sous la plume de Freud au moment de la naissance de la psychanalyse : ignorant l'identité de ses parents, Oedipe tue son père Laïos, roi de Thèbes et épouse sa mère Jocaste. Il devient parricide et incestueux. Lorsqu'il devine la vérité, il se crève les yeux et erre en mendiant le reste de sa vie. Freud relève la grande importance de ce mythe parce qu'il fait intervenir la prohibition de l'inceste afin que ne soit jamais transgressé l'enchaînement des générations, le rôle structurant dans l'organisation de la vie psychique de la différence des générations et des sexes revêtant une importance majeure, la transgression de ces différences produisant la catégorie de l'incestueux. L'inceste est le symptôme d'un dysfonctionnement de la famille, d'une confusion des rôles et des générations. L'enfant qui souffre de carences affectives devient la possession des parents, leur objet, et non un sujet ayant ses besoins et ses désirs. Cette position le rend plus vulnérable devant le désir de l'adulte. Certains abus sexuels surviennent chez des enfants carencés qui répondent à la séduction d'un adulte même inconnu : c'est le cas des relations pédophiles. L'enfant est attiré par celui qui lui montre une attention qu'il ne reçoit pas de ses parents.

Lorsqu'un enfant est abusé par un adulte, nous sommes confrontés à une situation incestueuse. Incestueuse parce qu'inscrite dans l'Oedipe et qu'elle concerne une personne immature dans son développement psychique ; pédophile aussi, un adulte abusant d'un enfant. Plus l'inceste a lieu tôt dans la vie, plus il y a des risques que les blessures soient irréversibles, particulièrement au niveau de l'identité. Ces blessures portent atteinte aux identifications et ne permettent pas que l'adolescence soit une période de remise en cause constructive. Le lien qui unit l'enfant à l' « abuseur » est aussi déterminant ; dans la majorité des cas, l'inceste provoque une confusion par rapport aux images parentales. Le père n'a plus un rôle de protecteur et de représentant de la loi et la défaillance de la mère qui a laissé faire, devient évidente. Lorsque l' « abuseur » est un frère aîné ou un adulte investi d'un rôle éducatif, les conséquences sont similaires à celles de l'inceste.

Dans le cas du traumatisme de l'inceste, Ferenczi, psychanalyste hongrois contemporain de Freud, relève un effet de sidération parfois mutique, « une perte de liberté, de pensée, un retournement de l'agressivité contre soi-même, une perte de plaisir à vivre. » Pour Freud, « le moi est submergé par une excitation en excès qui déborde ses défenses, il y a effroi et incompréhension de la situation. » Lorsque l'enfant est agressé par une personne proche qui brutalement présente un comportement différent, il peut réagir par un état de stress qui se manifeste par l'agitation, le repli, une anesthésie des affects ; puis viennent la terreur, les régressions, des manifestations psychosomatiques. L'enfant qui a vécu une expérience d'effraction de son corps réagit, quel que soit l'âge, par des réactions somatiques :

- malaise diffus, douleurs dans les os, persistance des sensations qui ont été imposées, douleurs abdominales sans cause organique surtout chez les adolescents.
- crises d'étouffements, évanouissements.
- troubles de la conduite alimentaire, anorexie, boulimie, vomissements.
- troubles sphinctériens : énurésie et encoprésie qui alimentent l'idée d'être souillé. Le corps est ressenti comme sale : dégoût de soi, rites de lavage.

- perte de l'intégrité corporelle, angoisse que quelque chose ne soit cassé à l'intérieur de lui, peur d'avoir le sida, d'être enceinte...

- Les troubles du sommeil traduisent l'angoisse de perdre la vigilance et d'être agressé sans défense ; certains enfants refusent d'aller au lit, d'autres dorment tout habillés. Les insomnies, les terreurs nocturnes, les cauchemars, se prolongent jusqu'à l'âge adulte parfois et expriment l'impuissance, la contrainte subie.

- Une chute des résultats scolaires, l'estime de soi altérée, la dépression, sont souvent observées. Par ailleurs, ces enfants ont du mal à dire non, ne savent pas se protéger ; dans une reproduction masochiste du traumatisme, ils se placent dans des positions de danger.

Nous rencontrons chez l'adolescent une masturbation excessive avec introduction d'objets dans le vagin et l'anus. Ces adolescents qui ont des connaissances inadaptées à leur âge de la sexualité adulte ont des demandes de stimulation sexuelle. Enfin, les fugues, la délinquance, la toxicomanie, la dépression, les tentatives de suicide viennent compléter cette lourde liste de séquelles.

Des études effectuées dans différents pays laissent penser que l'abus sexuel pourrait avoir à long terme, des conséquences sévères sur la sexualité du futur adulte. Je pense à une femme aujourd'hui en couple avec un homme qui lui témoigne un grand amour, beaucoup de tendresse et de compréhension, et qui ne peut s'empêcher de se sentir sale, souillée et culpabilisée chaque fois qu'elle a un contact physique avec son partenaire. Elle dit «je me sens enchaînée, emprisonnée ; mon âme veut être libre... Je traîne ma vie. » Ce sentiment d'être enchaîné, cet emprisonnement psychique semblent être des constantes chez les femmes abusées et parfois harcelées verbalement par un père que je qualifie d' « incestueux » et qui dit à sa fille:«pourquoi te marier, aucun homme ne sera mieux que ton père, reste avec moi. » Il est bien entendu que le passage à l'acte effectif occasionne des dommages psychiques bien plus graves et profonds que s'il s'agit uniquement de dérapages verbaux ou d'attouchements sexuels mineurs ; mais la prison psychique est là, prison dont toutes ces femmes ont beaucoup de mal à sortir. Je n'ai pas choisi ce verbe « sortir »au hasard : l'emprisonnement psychique se manifeste aussi par une claustration physique. « Sortir » signifie « dire », parler, dénoncer...

Ainsi s'exprime une jeune femme abusée sexuellement : « Prisonnière et ne pouvant briser mes chaînes ; enfermée dans mon secret, sortir équivalant à dire, je me barricadais chez moi ». Ces personnes présentent souvent des phobies diverses dont la peur de sortir. Dans la phobie, les menaces pulsionnelles dangereuses sont projetées de l'intérieur vers l'extérieur. L'extérieur provoque la détresse, la terreur, la crainte de l'effondrement, la peur de tomber... L'attaque de panique les guette chaque fois qu'elles doivent se déplacer, surtout lorsqu'elles sont seules, dans des lieux soit trop ouverts, soit trop fermés. L'angoisse est au premier plan. Elles deviennent des « hors la vie. »

« J'ai peur de m'évanouir, d'être agressée, dit l'une d'elles. J'ai froid aux membres et au cœur ; des frissons de peur et un vertige s'emparent de moi. Tout mon corps est paralysé, je ne sais plus quoi faire, comment échapper à ce monde qui bascule et que je n'arrive pas à contrôler... Grands ou clos, les espaces m'envahissent : trop grands, le risque d'agression ne peut être évité que par la fuite dans l'évanouissement ; clos, ils m'étouffent et bouleversent mes repères » .

« Pour mes amies, dit une autre, je suis toujours très occupée. Mensonge dont je me sers pour éviter de sortir. Parfois, je me mets en congé maladie pour essayer d'apprivoiser l'angoisse qui me ronge comme un cancer malin qui se nourrit de mes résistances ». Elle ajoute : « vertige, m'éloigner à tout prix de ce tourbillon qui tente de m'aspirer. Au fond, le précipice. Je ne veux pas tomber ; surtout m'accrocher, lutter encore et encore. »

Nous voyons en filigrane se dessiner le spectre de la mort : peur de mourir mais en même temps désir de mourir pourvu que cesse la souffrance. Se mettre au lit, en position allongée ou fuir dans le sommeil constituent des moments de répit lorsque bouger, sortir semblent insurmontables à cause de l'angoisse.

« Vite, me cacher sous les couvertures » dit l'une d'elles ; « je me réfugie dans mon lit » dit une autre ; « ma survie dépend du repos et de l'inactivité totale »

ajoute une troisième. Dans les témoignages de personnes ayant vécu l'abus sexuel, la mort psychique est omniprésente bien qu'elle prenne des formes différentes : outre les attaques de panique qui sont du registre symbolique de la peur de la mort, la dépression, la mélancolie, la sensation de frôler la folie sont observées fréquemment. Elles sont accompagnées de ce que j'appelle le « trouble de penser » : une confusion, une impression de vide dans la tête qualifiées d'insupportables. Pourquoi l'impossibilité de penser ? Parce que l'enfant est mis en présence d'un désir de meurtre, meurtre de lui-même en tant qu'enfant. On dit que c'est un meurtre d'âme que subissent ces enfants qui mettent en place des stratégies défensives pour ne pas « comprendre » le désir de meurtre (tuer / « incestuer ») présent dans les intentions parentales ou de leurs substituts.

Pourquoi le silence ? De tels faits restent souvent dissimulés à cause des réticences des victimes à s'en plaindre et de la surdité des adultes. L'enfant a peur de parler. Nadia, adolescente violée et prostituée par son beau-père, dit : « je faisais de petits essais pour en parler, à une personne, puis à une autre, mais j'avais peur, je me sauvais, et on ne me comprenait pas. » Parfois, silence de la victime qui pense qu'on ne la croira pas, silence qui comporte beaucoup de honte liée à une blessure narcissique, ce qui rend le secret difficile à extérioriser. Mais parfois aussi des tentatives pour en parler, stoppées par un adulte effrayé.

Lorsque l'enfant a pu enfin dévoiler ce qui lui est arrivé dans un environnement suffisamment bon qui lui permette de faire confiance à l'adulte, qu'il l'a entendu et aidé, les manifestations les plus spectaculaires peuvent disparaître ; l'enfant se remet à jouer, s'intéresse aux autres mais il développe fréquemment des phobies diverses : peur du noir, de la solitude, agoraphobie, évitement des personnes du même sexe que l'agresseur.

En pratique, le secret qui entoure la violence sexuelle, surtout intra - familiale, la difficulté à la dévoiler et la fréquence des rétractations peuvent être expliquées par le fait que la victime de l'inceste s'identifie au parent criminel et n'ose pas dénoncer ce qu'elle ne sait même plus être un crime, condamnée aussi au silence par la femme du père incestueux, une mère souvent complice ou vécue comme telle.

Les enfants et les adultes, victimes de mauvais traitements graves et prolongés ont besoin de délais très longs avant de pouvoir rendre ces situations exprimables. Parfois rien ne viendra les sortir de leur silence et ils porteront toute leur vie ce lourd fardeau sans pouvoir en parler, faute d'avoir rencontré la personne qui aurait pu leur donner l'opportunité de s'exprimer.

Laissons un moment la parole à quelques femmes : « raconter, c'est se mettre à nu, exhiber ses souffrances devant l'autre, supporter les questions les plus indélicates, lire dans le regard de l'autre l'incrédulité, la compassion, le doute... Raconter, c'est rouvrir le coffre du pseudo - oubli, c'est ranimer les blessures en voie de cicatrisation. Raconter, c'est risquer d'être assaillie par la honte, par la culpabilité. » Toutes les personnes que j'ai connues et qui ont vécu dans leur enfance soit des attouchements sexuels soit un véritable abus sexuel portent en elles une part de culpabilité. « J'ai connu le plaisir interdit, preuve irréfutable de **ma** transgression » dit l'une d'elles. Coupables de n'avoir pu dire non, coupables de ne pas s'être défendues, coupables parfois d'avoir ressenti un certain plaisir, essentiellement dans les situations où l'abus ne se produit pas dans la violence. Dans de nombreux cas, l'agresseur est une personne que l'enfant connaît, un proche, un voisin qu'il aime bien et dont il ne se méfie pas et sur les genoux duquel il va facilement. A la demande d'affection de l'enfant, celui-ci donne une réponse sexuelle : il y a confusion de langue comme le relève Ferenczi en 1993. Les pervers violeurs et pédophiles sont de grands séducteurs qui font grandement usage de leur séduction. Dans la petite tête enfantine, immature, cette personne gentille ne peut faire du mal ; d'ailleurs l'enfant ne sait pas vraiment ce qui lui arrive. Ce n'est que bien plus tard qu'il comprendra la réalité de ce qu'il a vécu, dans une sorte d'après-coup traumatisant.

Je terminerai cet article en laissant la parole à une jeune femme abusée durant son enfance. Après avoir piqué une colère pour une vétille, elle s'apprête toute tremblante à confier à sa mère le drame de son enfance :

- « Maman, demande-moi pourquoi j'ai fait cette scène, pourquoi j'ai agi de cette manière ?
- La mère : « rien ne justifie ton attitude. »

« J'étais glacée, dit-elle. J'étais enfin prête à parler. Elle m'a replongée dans le silence. Mais mon désir de m'en sortir est resté intact. je veux sortir de ma culpabilité, de la haine, de la colère, de la souffrance, je veux avoir une vie paisible avant de mourir. Je veux pouvoir garder de mon enfance les plus beaux souvenirs. L'enfant qui est en moi, je le veux heureux, innocent, un enfant qui aime la vie. »

« I have a dream » , disait Martin Luther King. Moi aussi j'ai un rêve, que Plus Jamais la douleur et la souffrance n'endeuilleront la vie des enfants et des adolescents, que Plus Jamais leurs larmes n'étoufferont leurs rires.

CHAPITRE 5

LA SEDUCTION TRAUMATIQUE

Ce qui survient lorsque les psychanalystes, garants de la loi analytique, manquent à l'éthique suite à leurs propres mouvements contre - transférentiels. Cet article s'attache à la situation spécifique du passage à l'acte entre un analyste homme et des analysantes, à travers le discours de ces patientes.

HORS LA LOI , HORS LA VIE

« ... Cette indifférence aux souffrances qu'on cause et qui, quelques autres noms qu'on lui donne, est la forme terrible et permanente de la cruauté. »

(**Marcel Proust**, *Du côté de chez Swann,* 1913)

Manquement à l'éthique dans la relation analytique et souffrance identitaire.

J'ai voulu dans cet article donner la parole à deux femmes en détresse, Antigone et Ismène, qui se trouvaient engluées dans un secret que leur analyste respectif avait obtenu d'elles. Elles ont eu le courage de s'adresser à moi. Je les ai écoutées.

J'ai choisi ces prénoms en référence à Oedipe.
Antigone, sœur d'Ismène et fille d'Œdipe. La forme le plus courante de la tradition en fait la fille de Jocaste et le fruit de l'inceste d'Œdipe avec sa propre mère. Les deux soeurs ont toutes deux un destin tragique : Antigone, emmurée vivante, se pend dans sa prison et Ismène est assassinée par Tydée.
Antigone et Ismène du présent article ont eu elles aussi une vie dramatique tout en échappant à un tragique destin bien que leur problématique que Freud qualifie d'universelle (le complexe d'Œdipe), ne leur ait pas épargné les affres de l'inceste

dans le cadre analytique ainsi que les souffrances de l'identité.

Nous savons que le mythe d'Œdipe apparaît sous la plume de Freud au moment de la naissance de la psychanalyse et après avoir abandonné la théorie de la séduction. Freud ne le réduit pas à une situation réelle. Il en relève cependant la grande importance puisqu'il fait intervenir la prohibition de l'inceste afin que ne soit jamais transgressé l'enchaînement des générations. Le rôle structurant dans l'organisation de la vie psychique de la différence des générations et des sexes est grand : « L'élaboration psychique de la différence entre les sexes organise le rapport du sujet au manque et au désir dans la fonction phallique. La différence entre les générations l'introduit aux

rapports de précession et de succession dans l'ordre du désir et du temps, le confronte à l'impossible retour à l'origine et à sa propre genèse dans une histoire scandée par la mort. La transgression de ces différences produit la catégorie de l'incestueux.»[29]

Ismène et Antigone des « temps modernes » ont été mes analysantes, à Beyrouth, où je pratique l'analyse depuis 1992. La quarantaine aujourd'hui, professionnellement à des postes clés, nous avons tenté, durant de longues années, de réparer les dommages occasionnés par leur première analyse, sans pour autant pouvoir gommer leurs profondes cicatrices, traces indélébiles, marques au fer rouge du passage à l'acte incestueux avec leur analyste.

La nature de leurs souffrances et les symptômes qu'elles présentent en font presque des sœurs jumelles. Si proches dans ce qu'elles disent, l'une pourrait être le porte-parole de l'autre. La suite de l'article ne pourra que le montrer.

D'un point de vue méthodologique, à partir des notes prises après les séances, j'ai essayé d'exprimer leur discours global, en synthétisant forcément. J'ai retenu des séquences que j'ai regroupées en « récits », les faisant parler sous ma plume. Six textes ont vu le jour, chacun formant un ensemble avec sa cohérence interne.

---

29 KAES R.(1998), Une différence du troisième type, in R. Kaës et col. *Différences culturelles et souffrances de l'identité,* Paris, Dunod, 256 pages.

Dans les «récits» qui suivront, retranscrits le plus fidèlement possible mais dans mon propre style, et pour les envelopper dans un incognito, j'ai modifié avec leur accord certains éléments, sans toutefois dénaturer leurs propos. Ces femmes aimeraient que leur histoire soit lue pour que d'autres n'aient pas à vivre ce qu'elles ont subi. Victimes consentantes pourraient dire certaines personnes sur la défensive. Qu'importe ! Elles, savent ce qu'elles ont enduré au plus profond d'elles-mêmes. A nous, analystes, - jeunes ou confirmés - d'essayer d'entendre ce qu'elles nous confient, non sans difficultés. A nous de respecter les principes de l'éthique pour éviter que de telles transgressions ne se reproduisent. « La spécificité de l'éthique de la psychanalyse, - lit-on dans le règlement intérieur de la Société psychanalytique de Paris relative au code éthique -, tient à la définition de sa pratique. Celle-ci consiste à actualiser les processus de l'inconscient à travers le transfert. (...) Le psychanalyste doit en toutes circonstances, agir en fonction de ce qu'il considère comme le meilleur intérêt du patient vu sous l'angle de la cure et dans l'appréciation des limites de celle-ci ».

Ces femmes, utilisées par leur analyste à des fins de satisfaction pulsionnelle, directe et personnelle ; ces femmes, malgré l'omniprésence de la pulsion de mort dans leur existence, ont poursuivi, contre vents et marées, un combat acharné pour s'en sortir. Freud n'écrivait-il pas « la vie est peu de chose mais nous n'avons qu'elle », et Malraux « une vie ne vaut rien mais rien ne vaut une vie ».

Laisser une grande place à ces « récits », être sensible à cette souffrance qui s'en dégage, réfléchir éventuellement à notre pratique analytique, c'est ce que je souhaite dans ce texte..

La constance et le respect du cadre analytique, l'utilisation à bon escient de la relation transférentielle, la non ingérence de la « personne » de l'analyste à travers un contre-transfert maîtrisé, l'évitement des passages à l'acte..., sont des « principes » que tout lecteur averti, de surcroît psychanalyste, connaît bien. En l'occurrence, je ne m'arrêterai pas sur ces questions tout en relevant leur importance majeure. Par contre, ce que les psychanalystes fidèles à l'éthique ignorent peut-être, ce sont les graves dommages psychiques que subissent les personnes qui n'ont pas eu la chance de rencontrer un psychanalyste « dans la loi ». Les « récits » d'Antigone et d'Ismène montrent que quelle que soit la problématique de base d'une personne, elle risque une désintégration psychique et des problèmes de l'identité, un flirt avec la mort à la manière de la roulette russe, lorsqu'elle se retrouve « hors la loi » dans le cadre analytique. Cette souffrance au quotidien, cette angoisse intolérable et le cri bien que silencieux mais qui porte loin, méritent, il me semble, que nous nous y arrêtions, le temps d'un article, pour réfléchir à cette grave question du manquement à l'éthique dans la pratique analytique.

« Hors la vie. Je scandais ces mots dès l'aube, à mon réveil, durant toutes les heures de la journée, la nuit, avant de plonger dans un sommeil tourmenté.

Hors la vie, aux prises avec les tentacules de la mort qui rôdait non loin de moi. Surprise par ce que je croyais être la vie, j'ai frôlé une mort lente, insidieuse. Mon analyste, un « hors la loi », m'a entraînée dans des dédales dont j'émerge lentement, tenaillée par la douleur. Je m'appelle douleur. Il avait « fait » de moi une « hors la vie » : j'étais son objet, sa chose. Il m'initiait aux plaisirs du corps, il fut le premier. Inceste, pédophilie...
Mourir de plaisir ! Expression sublime. Emprise ! Il m'avait choisie. Envoûtée !

Certains plaisirs tuent, ceux qui vous marginalisent, ceux qui vous mènent au bord du gouffre. Un pas, deux pas,... Attention ! Vertige. S'éloigner à tout prix de ce tourbillon qui tente de m'aspirer. Funambule ivre sans filet. Au fond, le précipice. Je ne veux pas tomber ; surtout s'accrocher, lutter encore et encore. Besoin d'une main non perverse, « dans la loi ». Elle est là, tient solidement la mienne. Nous sommes maintenant deux à lutter. Pas seule, plus jamais seule. Nous amorçons ensemble une lente remontée.

J'ai failli mourir, victime de plaisirs interdits. Joie, bonheur, des mots vides d'essence durant longtemps. Morte - vivante, je l'étais devenue.

Hors la loi, il le fut.
Hors la vie, je l'étais.
Hors la loi, dans la vie, il l'est toujours. *(Antigone)*

Alerte à la mort psychique lorsque l'analyste pervertit dans sa pratique le cadre analytique. Comment séparer, parmi les analystes, le bon grain de l'ivraie ? Question difficile que pose aussi André Green : « le propre de la communication analytique est d'accomplir le retour sur soi au moyen du détour par l'autre (...) Si donc le passage de l'autre est partie intégrante de la réalité psychique et de l'expérience analytique, il importe de se soucier de ce que cet autre fera du cadre qu'il a crée pour y recevoir le don de parole de l'analysant »[30].

Ce que l'autre en fera ne dépend-il pas de ce qu'il est en tant que personne, bien qu'analyste de profession ? Ne dépend-il pas de son histoire, de sa formation analytique, de ses taches aveugles et peut-être de la structure de sa personnalité ? Peut-on faire l'économie de ces interrogations lorsque la « faute » n'est point unique et que l'analyste est dans la répétition ? « Seule une remise en question constante et parfois violente de nous-mêmes peut permettre que soit maintenue comme valeur fondamentale, la protection de la survie psychique de chaque analysant. Nous devons respecter au plus haut point l'équilibre, si précaire soit-il, construit par l'enfant bafoué qui se tapit dans chaque adulte ».

---

[30] Vue de la Société Psychanalytique de Paris, Revue Française de Psychanalyse, 52.3, 569-593

L'enfant dans l'adulte

Elle n'était point idiote. Elle sentait qu'il ne fallait pas, mais il lui susurrait de si belles phrases. Ce grand monsieur disait que ce n'était pas mal. Elle n'avait pas la force de lui dire non. Et s'il la rejetait, s'il ne voulait plus d'elle ? Surtout ne pas le perdre !
Aussi accepta-t-elle tout ce qu'il lui donnait. Elle ne savait pas qu'il profitait pleinement d'elle. Elle ne savait pas, c'est ainsi.

Petite, grande, j'étais sur des nuages, heureuse. Nous partagions un secret. Un coup de fil et je le rejoignais à son cabinet, où , sur le divan, les jeux interdits avaient lieu.

Une lampe dans un recoin de mon cerveau affichait « danger » pour s'éteindre aussitôt. Le baiser du prince charmant avait éveillé tant de choses en veilleuse ! Les petites filles rêvent du prince charmant, les grandes aussi, parfois.

« Je suis une loque. Que me reste-t-il d'humain ? Ma vie rétrécit comme une peau de chagrin. Envahie par l'angoisse, j'ai peur. Qui parle ? La petite, la grande,...

Sur le divan de l'analyste, j'étais « petite ». Je croyais que lui était un bon papa. Je lui ai dit que je l'aimais et aussi que je voulais qu'il m'aime. J'attendais impatiemment des signes, et puis un jour, il m'a prise dans ses bras. C'était bon, c'était chaud et moi, au septième ciel ! J'avais tellement aspiré à ses bras, à cette étreinte puissante, réconfortante, rassurante. J'étais en manque de bras et il me les offrait. J'ai posé ma tête au creux de son épaule ; je pouvais rester des heures durant dans cette position. J'avais enfin trouvé ma place dans le cœur de papa. Je savais bien sûr qu'il n'était pas mon papa, mais je le considérais comme tel. Et puis, il m'a demandé de l'embrasser. Je lui fis un bisou. Il me dit : pas comme ça. Je ne savais pas comment faire autrement ; il ne me croyait pas, il s'adressait à la « grande ». Il comprit finalement que j'étais une petite gourde et il entreprit mon éducation, des choses que je découvrais pour la première fois. La « grande » avait 21 ans, il est vrai, mais elle était encore « petite ». Elle se trouvait justement sur ce divan pour grandir. Aurait-elle pu refuser ce merveilleux cadeau qu'il lui offrait ? Pouvait-elle dire « non » alors qu'un monde nouveau s'ouvrait à elle, celui de son corps, du corps de l'autre, du plaisir ?

Au début, il était à la fois « homme et mère » , homme qui me pénétrait, mère avec des gestes de tendresse et d'affection. Avec le temps ,une fois le poisson bien pris dans ses filets, « baiser » était la seule chose qui l'intéressait. Je m'étiolais comme une fleur dont on ne prend pas soin mais n'osais lui en parler. Comment le dire à son analyste, à celui qui sait, à celui qu'on idéalise ? Alors, je fus sa putain . Il me sifflait et j'accourais. Je ne savais plus qui j'étais : grande, petite, pute, pure, ...

« Avec le temps, va, tout s'en va », chante le poète.

Avec le temps, la joie céda à la mélancolie. Perdue, aux prises à des identités différentes, l'attrait de la mort se substitua à celui de l'amour.

Avec le temps, je compris que j'avais vécu une relation incestueuse et que mon analyste n'était qu'un pervers ». *(Ismène)*

Ce récit décrit bien la « confusion de langue entre les adultes et l'enfant » dont manifestement Ismène en est la victime.

Le cadre analytique favorisant la régression, c'est avec « l'enfant en détresse dans l'adulte » que s'établira la relation analytique. D'une part, une personne en demande d'aide portant le fardeau de son histoire personnelle où père et mère ont longtemps été les personnages clés ; une personne portant aussi l'histoire de ses parents, individuelle et de couple, ainsi que tout le véhiculé par les objets transgénérationnels. D'autre part, un analyste, lui aussi avec sa propre histoire, considéré après une longue formation, apte et compétent pour aider un autre à démêler l'écheveau de ses premières relations. Au cours du travail analytique, et dans ce cadre singulier, naissent chez l'analysante des sentiments bien particuliers vis à vis de son analyste : hostilité, tendresse, émois amoureux..., qu'elle exprime en suivant la consigne du « tout dire ». Le transfert, « répétition de prototypes infantiles vécue avec un sentiment d'actualité marqué » (Laplanche et Pontalis), est comme nous le savons, un précieux outil de travail si l'analyste sait s'en servir à bon escient et l'interpréter au bon moment.

Il peut exister un cas de figure où l'idéal du moi que projette l'analysante sur l'analyste gonfle démesurément le moi idéal de celui-ci. Se profile alors une possibilité de passage à l'acte d'ordre sexuel, l'analyste pouvant tomber dans un piège narcissique le renvoyant à la première découverte de son image dans le miroir. Il devient lui-même objet narcissique, en proie à une attraction imaginaire non maîtrisable.

Il voit dans l'idéal du moi de l'analysante un retour de l'image de son moi idéal qui est étroitement en rapport avec le regard de la mère où l'enfant est idéalisé, parfait.

Lorsque dans la relation analytique, personne d'autre que l'analyste ne compte pour l'analysante, le moi idéal de l'analyste trouve une image de réalisation : il est tout, il peut tout et aussi tout avoir, y compris l'analysante.

La relation analytique se transforme alors en *« liaison dangereuse»* pour la patiente. Cette hypothèse de compréhension du passage à l'acte incestueux et pervers, laisse penser à l'existence de points aveugles chez l'analyste, points restés aveugles probablement parce que non suffisamment travaillés dans son rapport à son propre analyste.

Nous pouvons aussi émettre des hypothèses complémentaires qui seraient à approfondir :

Dans la dimension identificatoire de l'Œdipe, se serait produit un « accroc » chez l'analyste dans son rapport à la féminité et à la maternité de sa mère. Une conséquence en serait l'envie à l'égard de cette féminité et de cette maternité, découlant d'une identification à sa propre mère en miroir. Rivalité avec la femme qui devrait être plus terne, puisque lui, ne peut être une femme psychiquement. Dans le passage à l'acte en situation analytique, jaillirait le désir de s'occuper de l'enfant (analysante) mieux que la mère, mais pour son propre profit personnel ; prétexte de maternage pour satisfaire ses propres pulsions sexuelles et séduction des patientes en les transformant en femmes objets.
« Le rêve se transforme en cauchemar.

J'ai fait un rêve cette nuit : j'avais les cheveux courts (alors que je les porte longs, sur les épaules). Une amie me dit, « on ne va plus pouvoir te distinguer de ton copain ». Je me réveille en sursaut, profondément bouleversée.

Mes vieux démons refont surface : qui suis-je ?
Mon analyste - amant me disait fréquemment que nous nous ressemblions. « Nous sommes pareils, toi et moi », répétait-il .
Pour moi, alors, être comme lui signifiait intelligente, cultivée..
Plus tard, je compris que j'étais sans identité précise, comme lui . Etait - ce possible ? C'était troublant.
Je savais que je n'étais pas un homme mais je n'étais pas totalement une femme non plus. Il me traitait en « copain » ; je n'arrive pas à dire « copine ». En dehors de nos

relations sexuelles où il recherchait le corps de la femme, j'étais un autre lui-même.

Dans cette relation, ma féminité ne pouvait se développer : il ne prêtait aucune attention à ma tenue vestimentaire, ne me faisait pas de compliments ; foulards, bijoux, petites bricoles dont toute jeune aime se parer le laissaient presque indifférent. Nul besoin de faire des efforts pour lui plaire. Lui, n'en faisait pas d'ailleurs, tellement imbu de sa personne. Moi, totalement aveuglée.

Avec lui, j'étais faible, une chiffe molle, j'acceptais tout. Il me sifflait et j'accourais ; il faisait le mort et j'attendais. Je ne voyais plus mes amis, ne sortait plus, attendant un éventuel coup de fil. J'installais chez moi plusieurs appareils de téléphone comme si... Je soulevais à tout moment les différents récepteurs vérifiant si la ligne fonctionnait...J'étais otage. Et puis, il se manifestait et tout reprenait..

Durant toutes les années où nous étions ensemble sans vraiment l'être, lorsqu'un homme s'intéressait à moi, je l'éloignais très rapidement ; il ne pouvait soutenir la comparaison. Lorsque lui se rendait compte que je plaisais à quelqu'un, il le démolissait de suite en énumérant ses défauts.

Comment ai-je pu me laisser manipuler, dominer de la sorte ?

Comment ai-je pu le laisser faire de moi sa chose ?

Comment ai-je pu être si crédule ?

Je l'ai été, c'est ainsi !

Obnubilée par l'intensité d'instants précieux, je ne réalisais pas que ce que je pensais être un rêve n'était qu'un long cauchemar.

Une fois, j'ai eu un retard de règles. J'étais terrorisée. Je lui en fis part aussitôt. Ne prêtant aucune attention à mon désarroi, il se contenta de me dire « tu les auras » et il s'en alla. Après trois semaines de silence, il vint me voir sur le lieu de mon travail : « et alors » ? Je lui répondis « le bébé est mort » en refermant brusquement la porte. Je tremblais de tous mes membres. Colère, dégoût...

Le bébé n'était pas mort ; il n'avait jamais existé. J'ai pensé souvent avec jubilation à sa mine défaite à l'annonce de la mort du bébé. » *(Antigone)*. Autres hypothèses : le désir de maternité et donc d'enfant pourrait-il s'expliquer par « avoir désiré ses propres enfants », désir sublimé mais concrétisé ultérieurement avec des analysants de sexe féminin ?

Peut-on enfin avancer l'idée que la séduction exercée par l'analyste « hors la loi » est une manière de se prouver qu'il n'est pas châtré ?

Pourquoi l'analysante accepte-t-elle de participer a ce passage a l'acte?

Nous ne pouvons comprendre son attitude qu'en la rattachant au cadre analytique qui favorise la régression, faisant émerger les désirs de la petite fille vis à vis de son père, dans l'Œdipe. Quel bonheur pour elle d'avoir pu concrétiser le désir lancinant d'avoir papa et d'être tout pour lui ! » Comment peut-elle dire « non » à ce grand rêve ? Au début, elle s'y adonne à cœur joie, sans trop se poser de questions, surtout qu'il la rassure lorsqu'elle émet des réserves. Elle qui était dans la sollicitation verbale, reçoit une réponse concrète, physique, sexuelle, nullement déplaisante. Les interrogations viennent plus tard, accompagnées d'une culpabilité vite refoulée. L'enfant dans l'adulte est complètement sous l'emprise de l'autre, subjuguée, quasi hypnotisée. Sans le réaliser, de sujet, elle devient objet, prisonnière de cette relation incestueuse. Incestueuse parce qu'inscrite dans l'Œdipe et qu'elle concerne une personne immature dans son développement psychique ; « pédophile», un adulte abusant de « l'enfant dans l'adulte », et qui , justement, se trouve sur ce divan pour grandir. La sortie de cet état quasi hypnotique se fait très lentement, si lentement que certains y voient une volonté consciente d'y rester et vont jusqu'à blanchir l'analyste ! Dans le règlement intérieur de la Société psychanalytique de Paris, relative au code éthique, nous lisons : « Le psychanalyste doit analyser le transfert et ne pas favoriser la mise en acte de ses contenus : les contacts physiques avec le patient, hormis les gestes d'accueil en usage, doivent en conséquence être strictement limités à ceux que peut exiger une réaction clinique appropriée.(...) Le psychanalyste doit s'abstenir de toute relation sexuelle ou agressive avec son patient(...) Pour des raisons transférentielles, (...) l'acceptation du patient ne dégage pas la responsabilité du psychanalyste ».

Lorsque le principe de réalité rattrape l'analysante, elle « découvre » dans un après-coup que le passage à l'acte a bien eu lieu et qu'il n'a pas changé sa position œdipienne. Elle se sent flouée et de plus perd l'analyste et l'analyse, qu'elle avait fortement investis. Le passage à l'acte n'a pas seulement ruiné la désillusion de l'Œdipe mais aussi la possibilité de son élaboration dans l'analyse.

Des soeurs d'infortune...

Des femmes abusées par leur analyste, j'en ai connu deux personnellement. Il y en a sans doute d'autres, à travers le monde, puisque au hasard de mes recherches dans les rayons d'une librairie, j'ai découvert deux ouvrages écrits par des femmes et qui ressemblent comme des soeurs, dans leur histoire, à Antigone et à Ismène.

Toutes deux ont été séduites par leur analyste, toutes deux présentent les mêmes déchirures et les mêmes symptômes qu'Antigone et Ismène. Je laisse d'abord la parole à Ismène :

Besoin de soins intensifs.

Ce matin, et pour la première fois de ma vie, j'ai ce que certains professionnels appellent une attaque de panique. Je me préparais à sortir, j'étais devant l'ascenseur et puis, elle me tombe dessus. Retour chez moi au pas de course, sensation d'être poursuivie par une meute de chiens sauvages. Affolement, tremblements, peur de mourir. Vite, me cacher sous les couvertures ; je pleure, je sanglote, je prie tous les saints pour que ça s'arrête. Besoin de bras, d'enveloppe, besoin d'une voix rassurante, de m'accrocher à quelqu'un. Je répète sans arrêt « s'il te plaît, s'il te plaît », sans trop savoir à qui je m'adresse. A la panique que je tente d'éloigner ? A une personne qui pourrait m'en préserver ? A moi-même ? A la petite ? Vite, un médecin ! Il essaie de me rassurer au téléphone, me prescrit un tranquillisant que je n'ai pas dans ma pharmacie. Il me faut sortir. Je ne peux pas, personne n'entend que je ne peux pas sortir, m'en sortir. Comment quelqu'un peut-il entendre ce que je n'arrive pas à dire ? Dans ces moments d'affolement, j'en veux au monde entier, oubliant totalement que mon cri n'est qu'intérieur.

Je mène une guerre contre ces attaques de panique, disposant d'armes légères et souvent inefficaces : les médicaments et l'auto - suggestion. Je me parle, parle à la petite qui souvent ne m'écoute pas.

Mes crises font place à l'angoisse.

Angoisse au réveil, à toutes les heures de la journée. Dormir m'en éloigne mais elle me guette dès que j'ouvre les yeux. Elle s'accroche à moi comme une sangsue se nourrissant de ma vie. J'augmente la dose des médicaments censés me calmer et m'offre ainsi des moments de répit mais deviens terriblement « accro ». De Charybde à Scylla !

Simultanément, je sens une forme de dépression me gagner. Elle s'installe insidieusement dans ma vie à partir du moment où je « comprends » que j'ai vécu une relation incestueuse. Je cultive une haine farouche à l'égard de mon analyste, - père - mère / homme - femme - . Parfois, me sens aussi coupable que lui. A cette idée, la révolte gronde en moi. Quelqu'un peut-il comprendre qu'alors, j'étais petite ? Grande - petite ; femme - enfant ; coupable - victime ; saine - malade... Qui suis-je ? Et lui, qui est-il ? Confusion quant à mon identité et à la sienne. Je lui souhaite une mort atroce ; à d'autres moments, je veux moi-même mourir, pourvu que cesse la souffrance.

Je ne peux plus sortir.

Je perds mes amis en me retirant du monde que je perçois comme dangereux. Une autre angoisse m'assaille : est-ce que je deviens folle ? Je cherche une réponse dans les livres mais aucun ne me rassure. J'ai besoin d'une personne qui me parle. Ma détresse est entendue et des mots soulagent ma plaie béante.

Mais l'éventualité d'une chute est là et je me sens glisser. Pour l'éviter, je reste chez moi, dans mon cadre. Vertige, nausées, douleurs, angoisse . Je les contrôle tant que je suis chez moi.

Si je tombais dans la rue ? Panique.

Et si on me reconnaissait ?

Et si on ne me reconnaissait pas ?

Et si on me laissait dans un coin, femme sans identité ?

Je ne peux plus lire, écouter la musique. La liste des « je ne peux plus » s'allonge et peut remplir une feuille vierge.

Et si je me tuais ? Cette idée me traverse l'esprit à la vitesse d'un éclair pour disparaître aussitôt mais pour réapparaître à un autre moment. L'ennemi est maintenant en moi. Ne pas le laisser m'attaquer, me détruire, m'annihiler... La main qui tient solidement la mienne me permet de retrouver progressivement le désir de vivre. Je suis mieux armée pour terrasser l'ennemi.

Des guerres, j'en ai trop connues, trop subies.

Ma guerre, je vais la gagner, j'en suis sûre, même si j'ai encore besoin de soins intensifs ». *(Ismène)*

Poursuivre le combat !

Il faut continuer, je ne peux pas continuer. Il faut continuer, je dois donc continuer, semble dire Ismène à l'instar de S. Beckett.

Claudie SANDORI commence ainsi son livre : « Je n'écris ni pour détruire ni pour édifier la psychanalyse. J'écris pour retrouver ce qui m'appartient ». Parlant de son analyste, « vous m'attirez à vous avec une tendresse infinie (...), peur de perdre le précieux de l'analyse(...). Lorsque je vous quitte, je ne sais plus qui je suis, qui vous êtes(...). Je suis perdue. »

S'adressant à lui, « vous dites : le psychanalyste a aussi un désir qui peut s'exprimer dans l'analyse sans briser l'analyse. L'intrusion de la personne de l'analyste, loin d'être un écueil, est un levier. » Enfin, elle écrit ces mots :

« Violence.

Folie.

Solitude.

Besoin de vous.

Aidez-moi.

Je m'enlise dans un trou noir.

Peur de ne pas revenir...

Je ne sais rien et je sais tout.

Je veux savoir et ignorer. »

Des mots suivis d'un cri : « engloutie par la terre...

engloutie par la mer...

Aidez-moi... »

Ce cri a été entendu par le second analyste de C. SANDORI. *Anonyma* , auteur d'un livre poignant, livre au lecteur le récit suivant :

« La douleur est de nouveau là. Cette horrible chose en moi que je n'arrive pas à contrôler, qui me possède comme un incube. Je la sens comme un requin dans mes entrailles. Des doigts qui me serrent le cou (...) Je pleure désespérément. Je prends un calmant plus fort, j'ai tout une gamme de médicaments(...) Je me réfugie dans mon lit (...) Descente au royaume des ombres (...), vide intérieur qui aspire(...), trappe ouverte en moi ».

Evoquant sa peur de sortir et de conduire : « ...un taxi, cette nurse fidèle qui attend avec le landau partout, prête à recevoir le bébé dès qu'il est fatigué ou effrayé. »

Anonyma, gravement malade pendant des mois, n'a plus envie de vivre, possédée par la peur qui envahit tout son corps. Comme Antigone et Ismène, elle est irrésistiblement attirée par la position allongée (son lit). « L'idée fixe, que ma vie, ma survie dépendait du repos et de l'inactivité totale, dominait mon existence », écrit-elle. La mort la guette : « ce n'est pas du tout le désir de mourir. C'est comme si la mort avait envie de moi.(...) Elle chuchote que de toute façon, je n'ai pas de choix, qu'il n'y a pas d'autre moyen de m'en sortir. (...) Faire quelque chose, ne pas subir passivement cette mise à mort, cette punition. (...) Parce que j'ai connu le plaisir interdit (...), preuve irréfutable de ma transgression. » Anonyma souffre d'attaques de panique sévères qui lui font craindre la mort. Lors d'une crise, elle appelle les pompiers. Transportée à l'hôpital et malgré ses explications, les médecins croient à une tentative de suicide alors qu'elle crie « je veux vivre, au contraire, vivre de toutes mes forces ».

Elle trouve un allié en son second analyste qui lui permet d'effectuer, en face à face, un lent et pénible travail de reconstruction psychique. Anonyma dit ne jamais pouvoir oublier ces années de souffrance, Antigone et Ismène non plus ; mais, chose qui peut paraître curieuse, aucune d'elles ne veut porter plainte.

« Je ne veux pas porter plainte, par amour de moi-même, et par amour du souvenir de ces années passées. Années si dures à vivre. Années qui m'appartiennent » (Anonyma).
Même douleur chez Antigone :

« Double vie, mensonges, faire - semblant,... Difficile d'en parler sans me laisser envahir par le vertige, la nausée et une envie urgente de vomir.

Double vie truffée de mensonges, de rencontres en cachette dans des lieux où nul ne pouvait nous reconnaître. Oiseaux de nuit, nous nous rencontrions lorsque la lumière du jour déclinait, lorsque le soleil se retirait pour s'endormir, après avoir éclairé de ses rayons les amoureux du jour. Double vie, dans le noir ou entre quatre murs, loin de tout regard..

Aujourd'hui, bien qu'aucune forme de relation n'existe avec mon ancien analyste, je continue à mener une double vie. Deux vies parallèles : une, familiale, sociale, professionnelle et que j'affronte en faisant des efforts fous ; l'autre, intérieure, qui m'incite à me cacher, chaque fois que je le peux. Pour mes amis, je suis toujours très occupée. Mensonge dont je me sers pour éviter de sortir. Sortir, c'est devoir prendre un cachet supplémentaire pour apprivoiser l'angoisse. Non, plus de médicaments contre lesquels je mène une lutte farouche. Mes tentatives de sevrage échouant lamentablement, au moins ne pas dépasser les doses que je me suis fixées ! Pour les médecins, elles sont minimes. Dans ma tête, elles prennent une toute autre dimension.

Personne ne remarque que je mène cette double vie. Je réussis à les abuser tous et je saigne, me vidant de toute mon énergie. Excellente comédienne, je joue tous mes rôles sans laisser transparaître mes émotions. Le spectacle que j'offre est bien reçu ; quant à mon théâtre interne, je n'ai pas les mots pour le décrire. Parfois, je suis dans le lâcher - prise et me mets en congé maladie. Pour récupérer, pour cesser de me maltraiter. Ces journées passent si vite ! Le quotidien reprend avec son cortège de mensonges,...On me dit : « comme tu parais bien » ! Championne, je suis championne, une si misérable championne ! Mon trophée ? Qui va me le remettre ? *(Antigone)*

DENONCER ?

Porter plainte ! Se mettre à nu, exhiber ses souffrances devant l'étranger, supporter les questions les plus indélicates, lire dans le regard de l'autre l'incrédulité, la compassion ou le déni.

Porter plainte ! Rouvrir le coffre du pseudo-oubli. Ranimer les blessures en voie de cicatrisation.

Porter plainte ! D'une seule voix, ces femmes crient « non ». Non à une vie donnée en pâture . Peur de se sentir vulnérable, peur que les angoisses ne reviennent. Ce serait répéter une fois de plus !

NON à l'accès à l'intimité personnelle. Porter plainte suppose un public, des personnes pour écouter et aider. « On m'a dit qu'il fallait que je déballe tout et qu'on m'écouterait. Je le vis plus comme une séduction en public qu'une main tendue. » *(Antigone)* Comme si pour elle, « on est là pour vous aider » était une phrase inachevée dont la suite serait « et nous prendrons du plaisir à écouter un récit qui fait si mal. »
Porter plainte ! Halte à la répétition.

DES PHOBIES...

Dans la phobie, les menaces pulsionnelles dangereuses sont projetées de l'intérieur vers l'extérieur. Le désir pour le père et le meurtre symbolique de la mère (désir de l'évincer), constituent le refoulé œdipien menaçant chez Antigone, Ismène et les deux autres femmes.
En situation de dérapage dans la relation analytique, où les identités sont multiples et

où les deux partenaires vivent une relation incestueuse, le désir de la fille pour son père et celui du père à son égard, sont concrètement réalisés. Ce passage à l'acte incestueux signe le double meurtre de la mère, par le père et par l'enfant. A la culpabilité d'avoir séduit le père vient se greffer une culpabilité plus grande encore (pour l'enfant), celle d'avoir été à l'origine de la trahison du père et d'avoir aussi été l'instigatrice du meurtre symbolique de la mère par le père.

Comment comprendre, à partir de ces réflexions, les attaques de panique rencontrées chez Antigone, Ismène, Anonyma, C. Sandori et chez aussi une autre jeune femme, Vana, non sexuellement abusée par son analyste mais ayant été l'objet d'un langage érotisé de la part de celui-ci, ce langage prenant valeur d'acte ?

La terreur, la détresse, la peur de tomber et que personne ne soit présent pour aider, la crainte de l'effondrement, tous ces symptômes peuvent résulter de la peur d'être tuée par une mère vengeresse. Cette mère est souvent perçue comme méchante, surtout lorsqu'elle dit à ses enfants « vous allez me tuer » *(Ismène).* « Si je sors, - semble penser Ismène - , je vais séduire un homme ; si je sors, papa va me sauter dessus et maman va me tuer ».

La rivalité mère-fille se vit surtout dans l'équation « tuer la mère ou être tuée par elle. » Registre de la chute, du gouffre, de la mort. N'est-ce pas ce que ressent une personne en proie à une attaque de panique ?

« Vous allez me tuer ». Cette affirmation a peut-être une valeur traumatique : « elle sait que je veux qu'elle disparaisse ». Le fantasme de vouloir tuer la mère devient réalité parce que découvert et énoncé par l'intéressée. Elle sait qu'elle est une cible à abattre et en annonçant qu'elle le sait, elle est perçue par Ismène comme omnipotente (elle a deviné ses pensées), menaçante (attention ! Je ne me laisserai pas faire) et persécutrice. Mais elle est aussi la mère de l'amour primaire dont la perte est redoutée.

Cependant, cette mère mauvaise ne l'est pas totalement. Nous sommes en présence d'un clivage pathologique, effet de l'incestueux : une mère terrifiante et une mère idéalisée, qui, en raison de sa toute puissance, est la seule à pouvoir accompagner l'enfant Ismène. Cette mère idéalisée est représentée symboliquement par la personne rassurante avec qui Ismène, craignant la survenue d'une attaque, peut justement « sortir », calmée, apaisée par sa présence. Qu'elle soit homme ou femme n'a point d'importance, il suffit qu'elle soit investie de l'image maternelle, idéalisée et toute puissante. Elle peut aussi être un « taxi, cette nurse fidèle », dont parle si bien Anonyma dans son livre.

Ce n'est que lorsque l'enfant dans l'adulte parviendra à se situer dans la filiation qui suppose l'acceptation de la différence des générations, et non plus en partenaire du père et en rivale de la mère, qu'elle pourra alors, une fois réintégrée sa place, donner un sens à ses attaques de panique pour éventuellement les dépasser ; elle pourra aussi sortir de l'incestueux.

Cette voie de sortie nécessite à l'évidence la poursuite d'un travail analytique avec un nouvel analyste, « dans la loi ». C'est ce que font Antigone, Ismène et leurs « soeurs », soeurs tant leur histoire se ressemble.

LA LOI, LA REGLE...

« Lorsque la loi fait défaut, telles les laves d'une éruption volcanique, le désordre emporte tout sur son passage.

J'ai connu le désordre dans mon pays. De multiples guerres, d'innombrables exactions, de fréquentes transgressions pendant plus d'une quinzaine d'années. « La mort n'est pas pour les enfants », dit la chanson. Elle était le quotidien de tous, l'épée de Damoclès brandie au-dessus de nos têtes, sans discrimination aucune. Tant qu'elle concernait les autres, nous tentions, il est vrai vainement, de ne pas y penser. Les blessures et les souffrances psychiques étaient relayées au second plan, des choses plus urgentes de l'ordre de la survie s'avérant prioritaires.

Absence de lois externes pendant si longtemps !
Absence de règles dans le cabinet de mon analyste.
Absence de lois à l'intérieur de moi, et dans ma vie quotidienne, le maître - mot : confusion.

Le désordre sème la confusion. Banal ! Nous assistons quotidiennement en spectateurs - voyeurs à ces images « en direct » que diffusent à profusion tous les journaux télévisés. Choqués, écoeurés, rarement indifférents, nous nous rassurons pensant « ça n'arrive qu'aux autres ».

Le désordre et la confusion psychiques, moins visibles, passent souvent inaperçus, même si tel un cancer malin, ils ont envahi tout mon être, au galop, comme des métastases incontrôlables.

A l'angoisse que je connaissais bien, sans cependant pouvoir l'apprivoiser ou m'en défaire, est venue s'associer la maladie « temps ». Je répétais tous les jours : je n'ai pas le temps, je ne peux pas, faute de temps,... Je prévoyais une matinée entière pour une activité que j'achevais en moins d'une heure, faisais de mauvais calculs pour être à l'heure à un rendez-vous,... Impossible d'agir autrement. Comme si cette perte de temps était en fait des instants gagnés pour mettre de l'ordre à l'intérieur de moi-même. Lorsque parfois, tout s'entrechoquait dans ma tête, paralysée, je me retrouvais le plus souvent tétanisée, dans mon lit.

La confusion temporelle dans laquelle je baignais laissait la voie libre à de nombreuses interrogations : qui suis-je ? Que puis-je ? Prisonnière et ne pouvant sortir de ma geôle. Enfermée dans mon « secret », sortir équivalant à « dire », je me barricadais chez moi.

Je me suis tue pendant des années.

Tout ce qui ne s'exprime pas, s'imprime dit-on. Pendant des années, j'ai été une surface d'impression. Aujourd'hui, j'ai choisi de rompre la loi du silence . » *(Ismène)*

Rompre la loi du silence comme le fait le fils aîné du film « Festen », du danois Thomas Vinterberg, déballant les sombres secrets de famille !

VANA...

Le langage érotisé de l'analyste peut aussi provoquer des attaques de panique, comme nous l'avons précédemment souligné.

Vana avait 30 ans lorsque je l'ai connue chez des amis communs. En confiance avec moi, elle me dit un jour qu'elle avait fui son analyste, se sentant en danger chez lui.. Elle souffrait d'attaques de panique. Sachant que le sujet de l'éthique m'intéressait, elle me dit qu'elle souhaitait me remettre un texte la concernant ainsi que la raison du choix du pseudonyme Vana. Je vous les livre avec son accord.

On retrouve Vana dans la mythologie arménienne. R. était une reine arménienne qui n'avait pas le droit d'aimer quelqu'un qui ne soit pas de son rang. Pourtant , elle rencontrait souvent en cachette un homme « interdit » au bord du lac Vana. Il venait tous les soirs la rejoindre à la nage. Elle l'attendait de l'autre côté de la rive avec une torche, lui éclairant le chemin. Un soir, pris dans une tempête, il se noya.

On le retrouva le lendemain matin avec une inscription sur le front : « Akh R. »[31]

« Belle destinée de l'amour interdit » ironise Vana.

Le texte qui suit décrit une situation d'angoisse que Vana a vécue sur le divan de son analyste, se sentant souvent attaquée de dos par des paroles érotisées ou prêtant à équivoque. « Soudain, elle apparaît et se propage rapidement. Elle me ronge, elle m'aspire et me happe tel un tourbillon. En spirales décroissantes, elle m'encercle, s'approche de plus en plus pour m'engloutir dans le vide. Je reste alors seule avec mon angoisse puisque l'autre n'existe plus à ces moments ; d'ailleurs la présence de quiconque me met dans une situation encore plus précaire. Elle, c'est la peur, celle qui ne connaît ni lieu, ni temps, ni espace, ni interdits ; violeuse d'interdits, traîtresse. L'angoisse est son amie, angoisse de finir seule, de m'évanouir, d'être agressée et pire encore, d'être poignardée de dos. Je suis envahie par un sentiment d'insécurité. J'essaie de trouver des mots à ces maux. Simples paroles pour une si grande angoisse. j'ai froid aux membres et au cœur ; des frissons « de peur » et un vertige s'emparent de moi. Tout mon corps est paralysé, je ne sais plus quoi faire, comment échapper à ce monde qui bascule et que je n'arrive pas à contrôler. Je regarde autour de moi et je ne vois personne ; je n'entends que des voix qui s'entremêlent et ma peur n'est que plus grande : personne ne me remarque... Grands ou clos, les espaces m'envahissent : trop grands, le risque d'agression ne peut être évité que par la fuite dans l'évanouissement ; clos, ils m'étouffent et bouleversent mes repères.

La sensation de danger semble être la résultante d'allusions verbales séductrices et

_____

31 introjection exprimant une grande douleur

érotisées qu'utilisait à répétition l'analyste. Lors d'une séance, le sautoir que porte Vana se détache et reste sur le divan sans qu'elle ne s'en rende compte sur le champ. Alertée une fois en voiture, elle remonte le récupérer. Son analyste lui dit en lui remettant l'objet : « il est beau ce collier, surtout sur vous. Je vous l'agrafe autour du cou ? » Dans cet exemple, à l'acting de l'analysante répond celui de l'analyste. Il ne s'agit nullement d'une interprétation de transfert comme nous pouvons le constater, mais plutôt d'un « raccourci » provoquant une excitation.

Pour l'analysante aux prises au langage érotisé de l'analyste, - « vous êtes bien faite, vos cheveux vous vont bien »- , ces mots constituent une porte ouverte vers un lieu où les désirs de l'enfant dans l'adulte s'engouffrent. Ils sont vécus comme un équivalent du passage à l'acte, ces personnes présentant probablement des troubles de la symbolisation. Dans ces cas, nous sommes dans le registre de l'incestuel.

L'érotisation dans le langage de l'analyste, - verbal ou non verbal (des regards, certains gestes ...) - mène à une « confusion de langue » et l'analyste est vécu comme un parent excitant. Les propos érotisés de l'analyste sont toujours « paroles d'analyste », fortement investies par les analysants.

L'analyste « hors la loi » se met à la place des parents internes en tant que personne, à la place des objets transférentiels qu'il représente. Il n'y a pas une différence entre l'objet de transfert et la personne de l'analyste.

L'analyste doit être à la fois objet de transfert et d'étayage. Sans cela, pas de symbolisation possible. L'étayage existe s'il représente la personne (mère) contenante qui calme, apaise et a une fonction de pare - excitation. Si les pulsions sexuelles sont neutralisées par la mère - analyste, l'enfant est assuré de ne pas tomber dans le vide parce qu'il peut se tourner vers le père. L'étayage est co - extensif du transfert.
Bien que les attaques de panique soient un dénominateur commun chez toutes ces

femmes dont nous venons de parler, le passage à l'acte effectif occasionne des dommages psychiques bien plus graves et profonds chez l'analysante que s'il s'agissait uniquement de dérapages verbaux.

LE TROUBLE DE PENSER...

Bien que les témoignages ne soient pas très parlants à ce niveau, Antigone et Ismène ont été longtemps dans le « trouble de penser ». Confusion, impression de vide dans la tête, difficulté à réfléchir... « Ce désordre, ce flou dans ma tête, c'est insupportable » *(Antigone)*. « Je n'ai pas eu un bon parent pour me protéger la tête » dit Ismène parlant de son analyste. Ce symptôme est-il la conséquence de la confusion créée par l'analyste « hors la loi » se mettant à la place des parents internes en tant que personne, à la place des objets transférentiels qu'il représente, gommant la différence entre l'objet de transfert et sa personne , provoquant ainsi une excitation psychique désorganisante et la confusion insupportable qu'évoque Antigone ? Enfin, ce désordre provient-il de l'illusion qu'avaient Antigone et Ismène d'avoir obtenu le «père » sans passer par les fourches caudines de la souffrance œdipienne ? Trouble de penser, produit de l'angoisse, et qu'elles pensent soigner en ingurgitant à l'excès des médicaments jusqu'à en devenir totalement dépendantes, comme Anonyma.

L'EMPRISE DE LA MORT...

Bien qu'elle prenne des formes différentes, la mort est omniprésente dans les témoignages d'Antigone, d'Ismène , de Claudie Sandori et d'Anonyma.

Antigone vit une mort lente, poignardée par le plaisir interdit. C'est une « hors la vie ».

Ismène, aux prises avec des idées de mort, verse dans la mélancolie.

Claudie Sandori, engloutie, sent frôler la folie.

Anonyma, évoquant elle aussi le plaisir interdit, se sent mise à mort, convoitée par elle.

De plus, aucune d'elles n'échappe aux affres des attaques de panique qui sont elles aussi du registre de la mort.

DES NOUVELLES...

Antigone et Ismène sont célibataires ; actives professionnellement, elles occupent des postes de responsabilité et réussissent fort bien dans leur domaine respectif.

Du point de vue affectif, Antigone, après avoir évité le sexe masculin durant des années, a rencontré un homme qui l'entoure de toute sa tendresse. Ismène mène une vie paisible, bien que seule. Elle espère pouvoir un jour s'engager dans une relation stable.
La sécurité a un coût même si elle n'a pas de prix !

« C'est le courage d'aller jusqu'au bout des problèmes qui fait la philosophie. Il doit être comme l'Œdipe de Sophocle qui, cherchant à élucider son terrible destin, poursuit infatigablement sa quête, même lorsqu'il devine que la réponse ne lui réserve que horreur et épouvante. Mais la plupart d'entre nous portent en leur cœur une Jocaste suppliant Œdipe pour l'amour des dieux de ne pas s'enquérir plus avant, et nous lui cédons... »

Extrait d'une lettre de Schopenhauer à Goethe, 11 novembre 1815 (citée par Ferenczi, in « *Figuration symbolique des principes de plaisir et de réalité dans le mythe d'Œdipe* »,1912)

Références bibliographiques

- ANONYMA. (1989), Séduction sur le divan ou le malentendu amoureux, Paris, La Découverte, 183 pages.

- FERENCZI S.(1933), Confusion de langue entre les adultes et l'enfant, *Oeuvres complètes,* IV, Paris, Payot, 1992, 125-138.

- GREEN A.(1988), Vue de la Société psychanalytique de Paris, *Revue française de Psychanalyse,* 52,3, 569-593.

- KAES R.(1998), Une différence du troisième type, in R. Kaës et col. *Différences culturelles et souffrances de l'identité,* Paris, Dunod, 256 pages.

- MC DOUGALL J.(1988), Quelles valeurs pour la psychanalyse, *Revue française de Psychanalyse*, 52 ,3, 595-612.

- REVUE FRANCAISE DE PSYCHANALYSE (1994), L'enfant dans l'adulte, 58,3.

- SANDORI C. (1992), Le soleil aveugle. Existe-t-il des psychanalystes qui rendent fou ? Paris, L'Harmattan, 189 pages.

YOLANDE GUEUTCHÉRIAN

Psychanalyste d'enfants, d'adolescents et d'adultes (Association Psychanalytique Internationale (IPA))

- Membre de la Commission pour la Psychanalyse avec l'Enfant - COPEA (SPP)
- Membre de la Société Psychanalytique de Paris (SPP)
  Membre de l'Association Psychanalytique Internationale (IPA)
- Membre de l'Association Européenne pour la Psychanalyse de l'Enfant et de l'Adolescent (SEPEA)
- Fondatrice de la Société de psychothérapie analytique de l'enfant et de l'adolescent (SPADEA)

Table des Matières

www.ingramcontent.com/pod-product-compliance
Lightning Source LLC
Chambersburg PA
CBHW031446280326
41927CB00037B/377